Ficha Catalográfica

(Preparada na Editora)

Baduy Filho, Antônio, 1943-

B129h   *Histórias da Vida* / Antônio Baduy Filho, Espíritos Hilário Silva e
Valérium. Prefácio de Elias Barbosa. Araras, SP, 6 edição IDE, 2013.
(1ª edição CEC, Uberaba, MG, 1972.)
144 p.
ISBN 978-85-7341-596-4
1. Espiritismo 2. Psicografia - Mensagens I. Silva, Hilário. II. Valérium.
III. Barbosa, Elias, 1934-2011   IV. Título.

CDD-133.9
-133.91

Índices para catálogo sistemático:

1. Espiritismo 133.9
2. Psicografia: Mensagens: Espiritismo 133.91

HISTÓRIAS DA VIDA

ANTÔNIO BADUY FILHO

PELOS ESPÍRITOS HILÁRIO SILVA E VALÉRIUM

ide

ISBN 978-85-7341-596-4
6ª edição - outubro/2013
(33.001 ao 37.000 exemplares)

Copyright © 1983,
Instituto de Difusão Espírita - IDE

Conselho Editorial:
Hércio Marcos Cintra Arantes
Doralice Scanavini Volk
Wilson Frungilo Júnior

Projeto Editorial:
Jairo Lorenzetti

Revisão de texto:
Mariana Frungilo

Capa:
César França de Oliveira

Diagramação:
Maria Isabel Estéfano Rissi

INSTITUTO DE DIFUSÃO ESPÍRITA - IDE
Av. Otto Barreto, 1067 - Cx. Postal 110
CEP 13600-970 - Araras/SP - Brasil
Fone (19) 3543-2400
CNPJ 44.220.101/0001-43
Inscrição Estadual 182.010.405.118

www.ideeditora.com.br
editorial@ideeditora.com.br

Todos os direitos reservados. Nenhuma parte desta publicação pode ser reproduzida, armazenada ou transmitida, total ou parcialmente, por quaisquer métodos ou processos, sem autorização do detentor do copyright.

SUMÁRIO

Os capítulos de números ímpares são de autoria do *Espírito Hilário Silva*, e os de números pares são do *Espírito Valérium*

Prefácio, *Elias Barbosa* 9

Histórias da Vida, *André Luiz* 13

1 - Lição oportuna 15
2 - Uma cena na avenida 17
3 - Caridade e perdão 19
4 - Lição compreendida 21
5 - O castigo merecido 23
6 - Contradições 25
7 - A resposta 27
8 - Na hora do trabalho 29
9 - A dívida resgatada 31
10 - No fogo das provações 33
11 - O carro amassado 35
12 - Na hora do exame 37
13 - O equilíbrio 39
14 - Por fora e por dentro 41
15 - Falar e agir 43
16 - O exemplo 45
17 - Educação liberal 47
18 - Assim também 49
19 - O diálogo 51
20 - Semelhanças 53
21 - A surpresa 55
22 - O cano humilde 57

23	-	Palavra sem exemplo	59
24	-	O engano	61
25	-	A visita obrigatória	63
26	-	O outro lado da questão	65
27	-	Resposta oportuna	67
28	-	A recusa	69
29	-	Carência de estudo	71
30	-	Alarme falso	73
31	-	O livre-arbítrio	75
32	-	A viagem	77
33	-	Dívida e reencarnação	79
34	-	A diferença	81
35	-	Ignorância e veneno	83
36	-	O troco	85
37	-	A dureza	87
38	-	A força do trabalho	89
39	-	A festa	91
40	-	Depois da crise	94
41	-	Festa no Centro	96
42	-	Palavras, só palavras	98
43	-	Leôncio e Lucinha	100
44	-	Diagnóstico e tratamento	105
45	-	A pintura nova	107
46	-	O óleo da caridade	109
47	-	As brasas	111
48	-	Escolhas	113
49	-	A troca do pneu	115
50	-	Responsabilidade e nós	117
51	-	As uvas estragadas	119
52	-	A estrada	122
53	-	A capa	125
54	-	A limpeza	127
55	-	O emprego	129
56	-	Caridade	131
57	-	Dar a César	133
58	-	A verdadeira caridade	135
59	-	Desigualdades sociais	137
60	-	Uma cena de Natal	140

HISTÓRIAS DA VIDA

Capítulos ímpares são de autoria
Espírito Hilário Silva

Capítulos pares são de autoria
Espírito Valérium

Todos através do médium
Antônio Baduy Filho

PREFÁCIO

Um livro novo, de autor conhecido, quase sempre dispensa quaisquer palavras introdutórias, mormente de pessoa não diretamente ligada à produção dele. Em caso, porém, de obra inédita, de autores espirituais consagrados, mas de médium ainda não muito conhecido do grande público, fazem-se necessárias, pelo menos, algumas poucas frases à maneira de prefácio.

Este o motivo por que encimamos a presente página com o vocábulo tradicional de apresentação.

O médium Antônio Baduy Filho (*) começou os exercícios psicográficos em janeiro de 1964, participando de reuniões íntimas, somente recebendo a primeira página assinada por entidade residente no Além, em 1968, exatamente no

---

(*) Nasceu o médium ABF em Ituiutaba, Minas, a 28 de fevereiro de 1943. Depois de cursar o primeiro ciclo em sua terra natal, prosseguiu os estudos, por algum tempo, em São Paulo e, depois, em Minas Gerais, chegando a graduar-se em Direito e Medicina, passando a clinicar a partir de 1972.

dia 22 de julho, na Comunhão Espírita Cristã, de Uberaba, em plena sessão pública. Trata-se de "Dai a César", de Hilário Silva. Em 1º de maio de 1969, recebeu o Espírito de André Luiz pela primeira vez em sessão íntima e, em 23-6-69, na Comunhão Espírita Cristã.

Daí para cá, vem recebendo comunicações mediúnicas, principalmente aos sábados, enquanto o veterano médium espírita Chico Xavier psicografa a sua habitual página mediúnica, mensagens espirituais, inclusive as que compõem *Histórias da Vida*.

Na presente obra, cujos capítulos de números ímpares pertencem a Hilário Silva e os de números pares a Valérium, há passagens, em sua grande maioria, que poderíamos catalogar dentro do gênero dramático, tal a intensidade do clima de inesperado em que elas conseguem nos imergir, vazadas todas em linguagem clara, concisa, sem quaisquer expressões rebuscadas ou que ofereçam dificuldade de compreensão. São páginas, a nosso ver, especialmente dedicadas ao sentimento popular, conquanto não desçam, evidentemente, à vulgaridade.

Em "Contradições", por exemplo, somos defrontados por algo que atormenta muitas almas reencarnadas — a inveja dos ricos —, não obstante muitos compreendam, conscientemente, a necessidade da aceitação da vida como se lhes apresenta, no atual período re-encarnatório.

"Na Hora do Trabalho", tanto quanto "Na Hora do exame", o termo que a psicanálise nomeia por *racionalização,* e nós outros entendemos por *desculpismo*, é sabiamente analisado, como sempre, de modo simples, acessível a todos.

Em diversos passos, mas, sobretudo, em "O Exemplo" e "Depois da Crise", as alusões aos divertimentos supérfluos saltam aos olhos, mostrando-nos, todavia, o quanto se fazem imprescindíveis os espairecimentos essenciais.

"O Castigo Merecido" oferece-nos preciosa motivação: sempre que possível, nos desajustes conjugais, um dos cônjuges, especialmente a esposa, considerando-se o nosso contexto cultural, deve explicar aos filhos, em termos de *doença,* os aparentes excessos do outro cônjuge, com vistas a despertar-lhes os sentimentos de piedade, combatendo, ao mesmo tempo, os complexos de culpa que decorrem de impulsos agressivos contra os próprios pais.

Tencionávamos efetuar estudo detalhado da mediunidade psicográfica nesta introdução. Entretanto, julgamos conveniente referir-nos apenas a um aspecto do fenômeno medianímico – o da filtragem – a fim de que possamos compreender aparentes e possíveis diferenças das páginas de agora com outras anteriormente transmitidas do Além, através de instrumentalidade mediúnica diversa. Em verdade, o médium contribui com seu lastro inconsciente em quaisquer situações de intercâmbio espiritual e, por isso mesmo, os senões existentes, que não detectamos neste livro, são categorizáveis à conta do veículo receptor, já que, no caso, trata-se de entidades de alto gabarito intelectual e perfeitamente conhecidas por vasta comunidade de estudiosos e clientes do amparo espírita-evangélico.

Esperando, leitor amigo, que você se beneficie com as páginas de *Histórias da Vida*, delas retirando o lenitivo para os sofrimentos redentores e o entusiasmo sadio para o prosseguimento das tarefas que haja solicitado antes de retornar ao Plano Físico, resta-nos apenas rogar-lhe desculpas pelos minutos com que lhe ocupamos a atenção na leitura destas notas, e augurar-lhe progressos sempre crescentes junto àqueles que lhe complementam a alegria de trabalhar e de viver, não se esquecendo, em tempo algum, de que se já consegue aceitar a reencarnação e exercer a caridade dentro do próprio reduto doméstico, não deixe, um momento sequer, de reverenciar Allan Kardec, estudando-lhes as obras, palavra a palavra, — trabalho inesquecível que resultará sempre em nossa paz e libertação.

Elias Barbosa

Uberaba, 19 de Agosto de 1972.

Histórias da Vida

bservemos, nos diversos departamentos da atividade humana, quantas vezes pequenos instrumentos funcionam como mecanismos de alerta e segurança:

— o fusível na corrente elétrica;

— o radar nas aeronaves;

— as placas de sinalização nas estradas;

— a bússola nos navios;

— a célula fotoelétrica nos sistemas de alarme;

— as boias de orientação em alto mar;

— a fechadura na porta;

— a buzina no automóvel;

— as chaves automáticas no complexo industrial;

— as válvulas de segurança em aparelhos diversos.

Assim também as páginas singelas, que os companheiros

Hilário Silva e Valérium reuniram neste livro. Fragmentos de experiências reais, recolhidos aqui e ali, nada mais são do que pequenas histórias da vida cotidiana, destinadas a você, leitor amigo, também como instrumentos humildes de alerta e orientação, ensinando, ainda uma vez, que, nos caminhos da evolução, cada minuto na Terra é sempre preciosa oportunidade para aprender e reformar-se, recomeçar e progredir.

André Luiz

Uberaba, 9 de agosto de 1972.

1

LIÇÃO OPORTUNA

O doutor Albertino Silvério era conhecido advogado. Homem de invejável cultura. Conhecimento profundo e variado. Em particular, achava-se autoridade em assuntos socioeconômicos.

Era, contudo, refratário a qualquer tipo de assistência social. Não aceitava. Achava inútil.

— Não acredito em beneficência diminuta. Caridade gota a gota não resolve. Prefiro soluções radicais.

— Não é o que penso, Silvério. A caridade, mesmo pequenina, é sempre ajuda a alguém. É este o ensinamento de Jesus.

Quem respondia era o doutor Fontes, médico espírita e abnegado amigo dos sofredores.

Silvério, no entanto, continuava:

— Um copo de leite, por acaso, banirá, do mundo, a fome? Um cobertor ou uma veste resolverá, por ventura, a angústia da nudez? Isso é assunto de governos, e não serão alguns e poucos bem-intencionados que irão solucioná-lo.

A conversa prosseguia quando passa um jovem anunciando o jornal da tarde.

Silvério o chama. Deseja o jornal. Rebusca o bolso e só encontra dinheiro alto. Não há troco.

Nesse instante, porém, o doutor Fontes, tomando a quantia necessária e pagando o jornal, aproveitou a lição:

— Veja, Silvério, o que a própria vida nos mostra. Ninguém nega o bem inestimável, que os grandes recursos, governamentais ou não, carreiam. Obras imensas. Doações fartas. Entretanto, é preciso convir que há passagens estreitas, que apenas a ajuda humilde e pequena transpõe. Para a compra do jornal agora, o dinheiro de alto valor, de que você dispõe, só seria útil se fracionado em valores menores e múltiplos. Assim, ocorre também na assistência social. O muito realiza muito de uma só vez, mas o pouco feito com persistência e amor pode ser, em ocasiões, a única solução disponível para grandes problemas.

Silvério compreendeu o ensinamento e, mudo de espanto frente à lógica do amigo, iniciou, silenciosamente, a leitura das notícias.

2

UMA CENA NA AVENIDA

A grande avenida atingira o clímax do movimento. Ônibus, apinhados de gente, passavam rápidos. Carros exibiam buzinas estridentes.

Pessoas transitavam apressadamente.

Na calçada, perto da esquina, pobre homem esmolava. O rosto emagrecido relatava a profunda miséria. As vestes em frangalhos denunciavam a longa e dolorosa estrada. As pernas mostravam varizes abertas em úlceras, necessitadas de tratamento urgente.

O homem pedia socorro.

Transeuntes passavam desatenciosos.

Muitos paravam e logo seguiam. Outros viravam o rosto em gesto de defesa. Outros ainda mudavam o rumo.

Pouco depois, porém, um camelô se instalou na esquina.

Anunciava os produtos com grande algazarra.

Contava piadas entre uma e outra oferta.

O povo parava e se ajuntava.

Curiosos se acotovelavam, procurando ver melhor.

E logo se fez grande aglomerado.

Quase nunca ouvimos os apelos da caridade.

Despercebemos o chamamento ao serviço do bem.

Alegamos falta de tempo para a assistência aos sofredores.

Contudo, basta que ouçamos o convite aos prazeres e às futilidades para que nos movimentemos logo e disputemos os primeiros lugares.

3

CARIDADE E PERDÃO

— Não perdoarei. Não posso perdoar. O abuso é demais. Não posso.

Quem assim falava era o doutor Inácio Fontes, advogado brilhante e culto.

Era espírita. Companheiro assíduo na assistência. Orador exaltado e seguro.

Desentendera-se com os vizinhos. Ofendera-se e agora desabafava com a esposa.

— Tenha calma, Inácio — respondia docemente a companheira. — Pensemos em Jesus, que nos convida ao perdão. Esqueçamos o ocorrido. Oremos em favor de nossos amigos.

— Não posso, Teresa — retrucava o advogado, cego pela incompreensão. — Chamarei a polícia. Moverei processo. Não pode ficar assim.

— Inácio — insistia a esposa mansamente —, o perdão é forma de caridade. Recordemos as lições do Evangelho.

— Isto me custa muito, apesar da doutrina que professamos.

Aproveitando a ocasião, a esposa convidou:

— Consultemos os amigos espirituais. Vejamos o que nos sugerem pela leitura de uma página.

Nesse instante, contudo, entra a filhinha caçula, brandindo pequeno papel e exclamando com alegria:

— Olhe, mãezinha, o que achei — e mostrava o papel escrito. — Estava debaixo da mesa, onde fizemos o culto ontem.

Inácio, recebendo a folha das mãos da pequena, observou com surpresa que se tratava do esquema de seus comentários, na noite anterior, durante o culto cristão no lar.

Leu no alto da página: Caridade e Perdão.

A jovem esposa, agradecendo a interferência da Providência Divina, convidou à oração o companheiro pensativo e amuado.

4

LIÇÃO COMPREENDIDA

O carro deslizava velozmente sobre a estrada movimentada.

As linhas arrojadas lhe garantiam estabilidade perfeita.

As rodas bem calibradas mantinham segurança adequada.

O modelo esportivo lhe emprestava aspecto ousado.

Ia ultrapassando todos os veículos que encontrava pela frente.

Nenhum deles era rival perigoso para sua alta velocidade.

Numa lombada, porém, teve que diminuir a marcha, atrás de grande caminhão, que se arrastava pesadamente. Era impossível ultrapassar sem transgredir as regras do trânsito.

Ambos subiam em marcha mínima.

O chofer do carro esporte resmungava e se lamentava.

Quase no final do trecho, contudo, salta uma roda dianteira com grande estrondo. A custo, o carro foi dominado. Compreendeu, o afoito volante, que o acidente seria inevitável se estivesse em alta velocidade. O vagaroso caminhão lhe salvara a existência.

Companheiro da romagem terrestre, não se desespere diante das surpresas que a vida lhe apresenta.

Tenha fé em Deus e sustente a confiança nos desígnios da Providência.

Muitas vezes, o noivado desfeito, a derrocada financeira e a enfermidade irreversível são os recursos com que a Bondade Divina procura alcançar-nos, evitando desastres maiores.

5

O CASTIGO MERECIDO

senhor Laudelino Costa era distinto professor. Cultura brilhante e profunda. Palavra fácil. Discorria a respeito de assuntos variados com igual competência.

Era admirado por sua finura de trato. Tinha um jeito especial para conversar. Elegante e sóbrio.

Costumava, quando em companhia dos amigos, comentar jocosamente:

— A educação é a base da convivência. Sem palavra dócil e verbo digno, difícil seria a sociedade.

Contudo, em casa era excessivamente rígido. Exagerava nas ordens domésticas. Encolerizava-se diante da negligência da empregada.

Naquela tarde, altercara com a esposa paciente.

— Você não contesta, porque não tem razão. Por que não se defende?

— Laudelino, tenhamos serenidade. Respeitemos nossos filhos, que podem ouvir-nos.

— Você sempre apela para as crianças quando lhe faltam argumentos.

Nesse instante, em que a voz do professor era mais alta e rude, entra na sala o filhinho de quatro anos, dizendo, assustado:

— Oh! mamãe, papai está gritando com a senhora. Por que não o põe de castigo, como fez comigo ontem?

Frente à observação, o casal encerrou logo a conversa.

6

CONTRADIÇÕES

A senhora desconhecia os comentários, que se desenrolavam à sua volta. Descera do carro luxuoso e entrara na loja para as compras.

Estava muito feliz, pois fora presenteada pelo esposo.

As pessoas, que ali se achavam, notaram-lhe a alegria no rosto, não sem uma ponta de contrariedade.

Registraram-lhe as vestes bem talhadas em conversas invejosas.

Admiraram-lhe as joias rutilantes entre frases de maldade e despeito.

Contudo, nesse meio tempo, uma ambulância passou pela avenida com grande alarde.

As clientes correram à porta para ver o que se passava.

A sirene soava insistentemente.

Carros se encostavam, dando passagem.

Todos comentavam com pesar e expressavam frases de piedade.

—Talvez seja mãe de muitos filhos — diziam alguns.

— Pode estar à morte — afirmavam outros.

Quando a ambulância já se encontrava longe, ainda algumas senhoras enxugavam lágrimas discretas.

Irmãos, procuremos fugir a tais contradições em nossos atos.

Saibamos entender as criaturas nas posições em que a Sabedoria Divina as coloca.

Na verdade, o que temos feito até agora é ofertar palavras de carinho e bondade aos que sofrem provas piores do que as nossas. Entretanto, diante dos que trazem a vitória e a alegria, quase sempre lhes reservamos as expressões de revolta e despeito.

7

A RESPOSTA

No banco do jardim, Florêncio pensava, pensava... Era espírita há tanto tempo... Trabalhara o possível. Fizera o máximo. No entanto, ali estava frente à situação, que jamais imaginara. Relutara muito. Havia, porém, tomado a decisão. Sim, abandonaria as atividades no Centro. Não se submeteria à humilhação de ver seu pedido rejeitado. Trabalharia sozinho. Arrostaria dificuldades. Não voltaria atrás.

Naquela tarde, contudo, sentia necessidade de meditar. Desejava orar... Pedir a orientação dos benfeitores espirituais. Supunha-se certo, mas a manifestação da Bondade Divina dar-lhe-ia tranquilidade.

Quem sabe um símbolo, uma imagem... Ainda que mostrasse resposta contrária às suas pretensões.

E enquanto orava, emocionado, vinham-lhe à mente as palavras de Manuel, o amigo dedicado:

— Tenha calma, Florêncio. Evite precipitar. Jesus exemplificou o trabalho em equipe. Raciocine.

Florêncio orava e grossas lágrimas lhe molhavam a barba por fazer. Ansiava por uma palavra do Alto. Permaneceu de olhos cerrados por algum tempo e quando os abriu, deparou com uma folha no chão, a mover-se lentamente. Firmou a vista. Era uma folha caída, sendo transportada por inúmeras formigas.

Florêncio compreendeu logo. Iluminou-se-lhe todo o Espírito. Ah! Como estivera enganado! E com o rosto ainda orvalhado pela emoção, orou novamente, banhado de alegria:

— Obrigado, meu Deus! Obrigado! Minhas preces foram ouvidas! Ninguém pode ficar sozinho!

NA HORA DO TRABALHO

pobre homem estava deitado na calçada sob a marquise. Cobria-se com trapos e jornais velhos.

Gemia de frio e fome, enquanto na rua o movimento declinava, batido pela chuva gelada.

De vez em vez, rogava em voz alta, suplicando o socorro de Deus.

Quando a nobre senhora o viu do carro que a transportava, sentiu imensa piedade. Desejou ajudá-lo e logo entabulou conversa. Então, ficou sabendo que era sozinho no mundo.

Estava desempregado.

Tinha o estômago em tormentos.

A senhora dispôs-se logo a tomar providências.

Arranjou-lhe pouso seguro.

Conseguiu-lhe repasto substancioso.

Pagou-lhe pensão por algum tempo e, dentro de uma semana, o homem estava com emprego seguro e salário garantido.

Entretanto, vinte dias depois, em noite quase semelhante àquela em que o conhecera, a benfeitora o encontrou no mesmo lugar e nas mesmas condições.

Surpresa, indagou o que ocorrera e ouviu queixas inúmeras.

O tutelado se desentendera com o dono da pensão. Não suportara o chefe da oficina.

E terminou afirmando que não nascera para ser escravo.

Quando o sofrimento das provações nos alcança com angústia e dor, imploramos a Misericórdia Divina. Condoídos de nossas agruras, os Mensageiros do Bem acorrem a nosso chamado.

Sustentam-nos a fé.

Amparam-nos a coragem.

Reerguem-nos a esperança.

Contudo, logo que nos defrontamos com a disciplina e o trabalho, inventamos mil desculpas para fugir aos compromissos, retornando novamente às lamentações de miséria e desamparo.

9

A DÍVIDA RESGATADA

Joaquim Peixoto desencarnara. Fora vítima de varíola hemorrágica. Sofrera muito. Acabara sangrando e com febre alta. De todos os acometidos na cidade, tinha sido o único que sucumbira.

Agora, após as orações da noite, José Lourenço, o amigo de infância, recordava os acontecimentos daquele dia triste. O desconsolo da pobre viúva... As lágrimas dos filhinhos órfãos...

Debatia consigo mesmo o ocorrido. Era espírita. Compreendia muitas coisas. Entretanto, Joaquim era moço e partira cedo demais. Vivia bem com a família. Visitava os necessitados e socorria os enfermos. É verdade que não se ligara a religião nenhuma. Era, contudo, extremamente caridoso.

Não entendia por que desencarnara assim, com tamanho tormento. E, embalado por pensamentos e recordações, adormeceu, vendo-se em paisagem completamente desconhecida. A casa grande. A senzala. Os escravos.

Século XIX. Na praça da grande fazenda, o escravo gemia, atado ao mastro das punições. Banhava-se em sangue, a fluir de várias perfurações por todo o corpo. A cada ordem do senhor, o punhal entrava novamente na carne castigada. O rosto e os braços. O tronco e as pernas. Tudo dilacerado.

Diante dele, o senhor de engenho gargalhava e dizia:

— Pagarás pela fuga. Morrerás lentamente. Servirás de exemplo aos demais, para que obedeçam.

Aterrorizado pela cena. José Lourenço reconheceu no fazendeiro o rosto do amigo desencarnado.

Acordou assustado ainda. O suor lhe brotava na fronte. Compreendera a revelação que a Providência Divina lhe fazia.

A varíola resgatara o débito enorme de Joaquim Peixoto.

10

NO FOGO DAS PROVAÇÕES

 campo apresentava aspecto desolador. Árvores retorcidas se revestiam de folhas amareladas.

Plantas diversas murchavam sob o sol impiedoso.

Ervas e capim formavam extensa paisagem, onde a coloração amarronzada deitava tristeza e solidão.

Um dia, porém, apareceram lavradores diligentes e se decidiram pela queimada.

O fogo surgiu de pontos diversos.

Labaredas enormes se misturavam a grossos rolos de fumaça.

O capinzal crepitava e se contorcia, enquanto o pasto ia se transformando em colossal fogueira.

Dias seguidos, cinzas, braseiro e névoa se confundiam em quadro atormentado.

Contudo, semanas após, brotos surgiram em toda a área, e a terra, antes agreste, transformou-se em campina verdejante.

Fatos como estes repetem-se conosco nos caminhos da evolução.

Quando nos mostramos ressequidos e estéreis em matéria de espiritualidade, os Mensageiros Divinos nos facultam o fogo do sofrimento.

Enfermidades dolorosas nos fustigam o corpo.

Crises morais nos sacodem a consciência.

Provações nos experimentam a paciência e o amor.

Assim, pois, não se desespere diante da dor.

Agora, a vida pode ser arena agonizante de lutas; todavia, logo mais, das cinzas da angústia ressurgirão flores de alegria e de esperança.

11

O CARRO AMASSADO

— Amassar-me o carro e fugir! Não posso me conformar. Isto é caso de polícia.

Assim, fala Inácio Franco. Comerciante bemposto. Coração generoso. Entretanto, muito impulsivo.

Haviam-lhe abalroado o carro, estacionado na movimentada avenida, enquanto solucionava alguns negócios em companhia do amigo Leopoldo.

— Não perca a paciência, Inácio. Talvez, tenha sido inevitável. Tenhamos benevolência ao julgar.

Quem interferia era Leopoldo, procurando acalmar o companheiro.

Populares se ajuntavam rapidamente. Opiniões surgiam de todos os lados.

— Foi um rapaz com um automóvel vermelho.

Estava acompanhado por uma moça — afirmou um dos curiosos, que se acotovelavam.

— Não disse? — atalhou Inácio. — Deve ser um boa-vida, exibindo-se para a namorada. Não suportarei. Tomarei providências.

— Inácio, mantenha a calma — retrucava Leopoldo. — Não sabemos o que aconteceu. Vamos terminar os negócios e depois iremos à oficina.

— Prefiro chamar a Polícia. Isto é obra de malandros. Amassar o carro e nem dar satisfação!

Entretanto, após algum tempo, o comerciante resolveu desistir da represália. Tomaram o carro e, horas depois, estavam com tudo resolvido.

Mais tarde, quando chegaram à oficina especializada, o chefe dos mecânicos os recebeu e afirmou sorridente:

— Já estamos sabendo, seu Inácio. Esteve aqui um jovem e deixou pago o conserto necessário. Não pôde esperá-lo na hora do acidente, porque estava a caminho da Maternidade, levando a esposa, prestes a dar à luz. Deixou um pedido de desculpas.

Surpreso diante do acontecido, o comerciante olhou desapontado para Leopoldo, que rematou, aproveitando a ocasião:

— Não avisei que algo ocorrera? Tolerância e benevolência nunca são demais quando temos de julgar alguém.

Inácio aceitou a conclusão, e ambos saíram pensativos.

36

12

NA HORA DO EXAME

O jovem estudante prestaria exames na manhã seguinte.

Contudo, naquele dia, elaborou longo programa de diversões.

Almoçou em casa de amigos.

Foi ao cinema na sessão vespertina.

E, ao cair da tarde, dirigiu-se ao clube, gastando o restante do sol entre a natação e esportes diversos.

À noite, após o jantar, entrecortado por assobios e cantarolas, o jovem se encaminhou a uma festa de aniversário em companhia de vários colegas. Usou generosamente de salgados e bebidas.

Contou e ouviu casos inúmeros.

E, por fim, dançou até altas horas da madrugada. Quando retornou à casa, resolveu preparar-se para o exame.

Tomou livros e apontamentos.

Fez uma pesquisa e se assustou com o pouco de tempo disponível para absorver todas as lições. Lançou-se afoitamente ao trabalho e embora passasse o restante da noite acordado, não conseguiu estudar devidamente.

No momento da prova, o rapaz, desesperado, teve violenta crise nervosa, clamando em gritos que era o mais infeliz de todos os seres.

Não descuremos do trabalho em nossas vidas.

O Espiritismo nos faculta entender que cada um traz ao mundo tarefas intransferíveis.

Entretanto, quase sempre, o homem negligente repete as atitudes do estudante desprevenido.

Atravessa a existência entre diversões e prazeres, esquecido das responsabilidades.

Constrói sonhos e fantasias, embora cercado de realidades gritantes.

Quando, porém, avizinha-se a hora do exame de consciência, pelas transformações da morte, procura o tempo perdido e porque não o encontra, passa a afligir-se e lamentar-se, exigindo para si a felicidade que não deu aos outros.

13

O EQUILÍBRIO

João Raimundo era espírita há pouco tempo. Alma nobre a serviço do bem. Companheiro dedicado e sorridente. Algumas vezes, porém, exagerado nas atitudes.

Naquela noite, ao recolher-se, orava com intensa emoção. Fora escolhido para falar no Centro Espírita. Dissertara sobre o tema proposto – o equilíbrio. Agora, revivendo as cenas, recordava frases soltas, saboreando-as:

– "Tenhamos conhecimento de nós mesmos..."

– "Reformemos atitudes intempestivas..."

– "Combinemos equilíbrio e ação, sem prejuízo ao trabalho..."

– "Tenhamos sempre calma e paciência..."

– "Sem equilíbrio, o perigo nos ameaça..."

Enquanto se comovia com estas lembranças, ouviu um zumbido característico. Era, sim, um pernilongo.

João Raimundo se levantou de chofre. Deveria pegá-lo imediatamente. Aniquilá-lo, se não quisesse ter o sono perturbado.

Assim, revistou os cantos do quarto. Bateu nas paredes. Tentou aprisioná-lo entre as mãos em palmas estrondosas. Por mais de meia hora, lutou inutilmente. E tanto correu, pulou e subiu na cama, que acabou caindo, torcendo o pé. Estava quase impossibilitando de andar, enquanto o pernilongo ainda voava tranquilamente.

Assentado no chão, João Raimundo se lembrou da palestra. Um simples inseto havia desmontado todo o equilíbrio do conferencista.

14

POR FORA E POR DENTRO

 palacete se erguia no meio do quarteirão. Era, realmente, linda casa.

As paredes haviam recebido pintura bastante agradável.

A porta de entrada fora artisticamente trabalhada. Escadas e pisos de mármore conduziam à varanda luxuosa.

Vastos jardins cercavam toda a residência.

Flores multicoloridas desenhavam canteiros diversos.

No centro do amplo pátio, elevava-se graciosa fonte, jorrando tranquilamente.

Entretanto, o interior da casa era desolador.

Teias de aranha cobriam o teto e os cantos.

Móveis arruinados se revestiam de espessa camada de poeira, denotando falta de limpeza há muito tempo.

Por fim, marcas enlameadas se delineavam no piso abandonado e semidestruído.

Isto ocorre conosco nos caminhos da vida.

Geralmente, gastamos tempo e fortuna no tratamento do corpo.

Cabeleireiros e cosméticos são exigidos para o realce da beleza.

Modistas e alfaiates são requisitados para a manutenção da elegância.

Unhas são esmaltadas com delicadeza e gosto.

Contudo, dentro de nós, alimentamos a vaidade e o orgulho, a prepotência e as paixões, cultivando preguiça e desequilíbrio e constituindo nossa mobília interior, arruinada e suja, na forma de pensamentos enfermiços.

15

FALAR E AGIR

No Centro Espírita, repleto de assistentes, Laerte Costa dissertava sobre a caridade. Era orador exaltado e fluente.

Frases de inexprimível beleza comoviam a todos.

– "Caridade é uma flor, cujas pétalas são a misericórdia, o perdão, a bondade..."

– "Perdão é orvalho sublime, que beija com ternura os espinhos do cáctus..."

– "Misericórdia é manta carinhosa, com que se aquecem corações enregelados..."

De sentença em sentença, em comentário emotivo e coerente, Laerte rematou a palestra.

Terminada a sessão, quando ainda todos se achavam no recinto, em conversa fraternal e alegre, chega Evaldo, companheiro de tarefas, trazendo uma folha de papel na mão. Aproxima-se de Laerte e lhe dá a página. Era um folhetim anônimo, atacando duramente o Espiritismo.

À medida que lia o escrito, Laerte corava. Quando acabou, teve escandalosa crise de nervos. Falou em recurso policial. Aventou movimentação de processo. E terminou, relembrando as fogueiras para caso como este.

Quando caiu em si, com o olhar dos circunstantes sobre a cena, envergonhou-se.

Todos estavam surpresos com sua atitude.

O conferencista entendeu, então, que ainda há poucos minutos, formulara belíssima teoria sobre o amor e a caridade. No entanto, na hora do exemplo, esqueceu tudo.

16

O EXEMPLO

A voz estentórica da jovem senhora ressoou por toda a residência.

Descobrira que o filho não havia feito as lições escolares.

Fora encontrá-lo em praça de esportes próxima e o trouxera para casa entre palavras rudes e promessas de castigo.

Movimentara toda a vizinhança, pelo grande alvoroço.

Telefonara ao escritório do marido, pedindo-lhe providências.

Agora, por fim, fazia severas reprimendas ao garoto.

Falava em noção de responsabilidade.

Lembrava o valor da disciplina no trabalho.

Exaltava a necessidade das obrigações cumpridas.

Mais tarde, contudo, ela própria deixou de fazer a limpeza dos armários, como havia programado, para atender o convite de uma amiga e ir ao cinema. .

Exemplifiquemos aquilo que ensinamos.

Frequentemente, elaboramos longos discursos de censuras e ensinamentos aos outros. Entretanto, na maioria das vezes, nós mesmos nos esquecemos de cumprir os próprios deveres, abandonando-os em favor das diversões.

17

EDUCAÇÃO LIBERAL

O doutor João Peixoto conversava com amigos na sala de visitas de sua residência.

Era advogado de talento. Cultura aprimorada. Defendia ideias bastante liberais a respeito de educação de filhos.

— Sou contra a educação religiosa de crianças. Isto é imposição de ideias. Penso ser melhor escolherem quando adultos.

— Educação de filhos é séria responsabilidade, doutor Peixoto. Sabemos que são espíritos que nos buscam a orientação e o amor na fase da infância. É importante que conheçam a conduta correta e o amor ao próximo como ensina Jesus.

Quem interpelava era José Inácio, que ali se encontrava com os companheiros em busca de auxílio para a construção de um prédio destinado a aulas de moral cristã.

— Não concordo. Meus filhos receberam plena liberdade. São donos de si. Penso que, desta maneira, aprenderão por conta própria.

Entretanto, no decorrer da conversa, toca o telefone. O advogado se levanta e atende. Ouve atentamente. Torna-se trêmulo. Responde por monossílabos. E, depois de algum tempo, desliga afobado.

Interpelado pela esposa impaciente, só tem tempo para dizer:

— Nosso filho está no Pronto-Socorro do bairro. Foi acidentado. Apostava corrida com os amigos e capotou o carro. Está gravemente ferido. Atropelou várias pessoas.

Ainda não acabara de falar, quando tomou a esposa pelo braço e rumou para a porta de saída, enquanto era seguido pelo amigo em prece silenciosa.

18

ASSIM TAMBÉM

a sala de aula, o estudante não prestava a mínima atenção aos ensinamentos.

Conversava com os vizinhos de carteira.

Fazia caretas, provocando risos.

Incomodava os colegas atenciosos.

Formulava perguntas inoportunas.

Jogava bolinhas de papel nos outros.

Embora repreendido várias vezes pelo mestre, brincou à vontade, perturbando o andamento da aula.

Entretanto, quando foi chamado à lição e reprovado por sua ignorância, promoveu verdadeira cena.

Alegou perseguições.

Reclamou contra "injustiças".

Enumerou supostas deficiências do professor.

E, por fim, saiu da sala, acenando com ameaças.

Assim, também em relação a nós.

Diante da vida, brincamos de viver.

Menosprezamos oportunidades inúmeras de aprendizado e realizações.

Fugimos propositadamente às tarefas do autoburilamento.

Todavia, quando a Providência Divina nos convida à prestação de contas, somos pródigos em lamentações e protestos, esquecidos de que, segundo a Lei, cada um recebe de acordo com as obras.

19

O DIÁLOGO

Achava-se Adelaide Câmara, a grande batalhadora do Espiritismo, também conhecida pelo pseudônimo de Aura Celeste, em larga campanha de auxílios, destinados à edificação de um lar para órfãos no Rio de Janeiro, obra que seria, mais tarde, o Asilo Espírita João Evangelista. Dificuldades inúmeras. Lutas imensas.

Naquela tarde, encontra-se na residência de conceituado industrial, rogando sua cooperação ao trabalho meritório.

Ao ser esclarecido sobre os objetivos, o empresário afirmou:

— Na minha opinião, amparo aos órfãos é serviço de governo. Nunca esteve tão difícil educar crianças, quanto agora. Instituições caritativas não podem arcar com todas as responsabilidades.

Ao que a benfeitora respondia:

— Faremos o possível para fornecer-lhes teto e carinho, sob as bênçãos de Deus.

— E a alimentação? — interrompia o cooperador exigente. — Crianças necessitam de nutrição adequada. Instituições de caridade vivem de recursos instáveis. Nem sempre ofertam o necessário ao desenvolvimento ideal.

— Entretanto, contaremos com o apoio de Jesus para a concretização de nossos anseios — retrucava carinhosamente a lutadora cristã.

— E a assistência médica — insistia o empresário — tão necessária à manutenção da saúde? A instituição poderá garantir pessoal especializado para atender como convém?

— Com a ajuda da Bondade Divina, tudo se arranjará — acrescentava a senhora, com ternura.

Depois de várias oposições, o intransigente benfeitor perguntou, afinal:

— Diante dessas ponderações, o que pensa a senhora?

A nobre tarefeira espírita lhe endereçou compreensivo olhar e respondeu com humildade:

— Realmente, está muito difícil. Conforme a opinião do senhor, nem mesmo os pais poderiam criar os filhos. Só o governo.

E, rompendo o desapontamento do dono da casa, Adelaide Câmara esboçou largo sorriso e se despediu amavelmente.

20

Semelhanças

 criança brincava distraidamente com a faca de cozinha. Olhava com atenção seu reflexo luminoso.

Divertia-se em jogá-la com força, tentando cravar-lhe a ponta na terra fofa.

De quando em quando, lançava-a para cima, gargalhando ao vê-la cair próxima ao seu corpo.

Outras vezes, passava o dedo ao correr da lâmina afiada.

Quando a mãe a surpreendeu assim, tomou-lhe imediatamente o instrumento perigoso.

Explicou-lhe com bondade o motivo de sua atitude.

Relacionou casos de crianças que se feriram com tais brinquedos.

Apesar disso, entretanto, a birra foi enorme. Gritos e pinotes, embora a paciência da genitora.

Quando a situação se tornou insuportável, medidas enérgicas foram tomadas, aprendendo a criança, por outros meios, o que recusara receber com brandura e carinho.

Fatos semelhantes ocorrem conosco.

Nos caminhos da vida, criamos problemas, que se constituem em verdadeiros perigos ao nosso futuro espiritual.

Alimentamos situações que nos ameaçam a evolução da alma.

Nutrimos fantasias incompatíveis com os interesses eternos.

Contudo, quando a Providência Divina interfere a nosso favor, suprimindo privilégios e ilusões, agimos qual a criança rebelde, reclamando e exigindo, até que a Sabedoria de Deus, depois de lecionar-nos com a misericórdia, resolva nos ensinar com a justiça.

21

A SURPRESA

— Onde está o doutor? Quero o médico imediatamente. Estou mal.

A voz de Julinho Pereira ressoava em todo o hospital. Fora acometido de apendicite aguda e operado com êxito há cinco dias. Passava bem. Não inspirava cuidados especiais. Teria alta no dia seguinte.

Era, entretanto, um rapaz manhoso. Exigente com a enfermagem. Queixava-se sem motivos. Pedia o médico por qualquer dor de cabeça.

— Tenha paciência, sr. Julinho — pedia a enfermeira. — O doutor está ocupado no Pronto-Socorro, atendendo a um doente mal. Ele virá depois.

— Tenho certeza de que está batendo papo com os colegas. Não vem, porque não quer. Vou ao Pronto-Socorro.

— Não vá, sr. Julinho. O doutor está muito atarefado. Por que lhe haveria de mentir? Tenha calma.

O paciente caprichoso, porém, respondeu com ar de vitória:

— A senhora não quer que eu vá, porque sabe que ele não está lá.

E, iludindo a vigilância da enfermeira, dirigiu-se ao fim do corredor, onde funcionava a sala de urgência. Chegando à porta, antes de abri-la, sorriu com sarcasmo e falou bem alto:

— Aposto que não está aqui.

Contudo, quando entrou, sofreu grande choque, pois observou seu próprio pai em angustiante crise de dispneia, enquanto o médico e duas enfermeiras agiam intensamente, tentando salvar-lhe a vida.

22

O CANO HUMILDE

A luxuosa mansão era realmente de excepcional beleza.

Brancas e altas colunas lhe adornavam a entrada suntuosa.

Jardins bem cuidados exibiam flores e grama verdejante.

Repuxos e estatuetas se erguiam em pontos diversos, enfeitando o gramado.

Mármores, em arranjos de bom gosto, forravam a escada principal.

No interior, a decoração se revelava exuberante.

Tapetes fofos e coloridos.

Cortinas delicadas e estofados de veludo.

Porcelana e cristais, entremeados de baixelas de prata.

Entretanto, lá fora, ignorado por todos e escondido sob

a terra, passava humilde cano d'água, alimentando toda a residência com o precioso líquido.

Não menosprezemos as tarefas humildes, que a Providência Divina nos oferta por misericórdia.

Comumente, lamentamos o serviço ou as situações em que nos encontramos, aspirando sempre as posições de relevo, enfeitadas de popularidade.

Contudo, saibamos compreender a Sabedoria de Deus, porque, se as flores, entre a brisa e o sol, são admiradas pelo perfume e colorido que ostentam, tudo isso se deve ao trabalho anônimo das raízes.

23

PALAVRA SEM EXEMPLO

*D*urante as palestras, na sessão de passes e estudos, dona Carmelita rematava, com entusiasmo:

— Não percamos ocasião nos caminhos do bem. Busquemos o trabalho nobilitante. A tarefa de amor. O serviço da abnegação. Nada de alegar falta de tempo. O tempo nós mesmos tecemos com os fios da vontade. Não permitamos que intempéries ou indisposições perturbem nossos anseios de caridade. Não temamos o cansaço do corpo, nem os pingos da chuva. O importante na seara de Jesus é antes de tudo servir ao próximo com bondade.

Terminada a sessão, um rapazinho todo molhado pela chuva forte se acercou da oradora e começou a falar, trêmulo de frio:

— D. Carmelita, mamãe está muito mal. Está de cama. Febre alta. Não pôde vir ao Centro. Pede à senhora a caridade de um passe e remédios.

A senhora se remexeu na cadeira, olhou para os lados e acabou por dizer:

— Oh! Que pena, meu filho, logo hoje que estou tão indisposta. Resfriada também. Pedirei a alguém que a socorra.

Levantou-se e rogou o concurso de dois companheiros, que logo se prontificaram a ajudar.

E enquanto os irmãos solicitados enfrentavam o temporal para o serviço do amor, dona Carmelita se aproximou de animado grupo e referindo-se ao sr. Joaquim, responsável pelo trabalho de passes, começou a insinuar correções e censuras às tarefas, dando ideias, dando ideias...

24

O ENGANO

 rico homem de negócios parou o automóvel no acostamento da estrada e observou o pescador solitário, lá embaixo.

Relembrou, então, as próprias preocupações.

A vida atribulada dos negócios.

A empresa em processo de expansão, exigindo amparo contínuo.

As contas bancárias em movimentação intensa.

A Bolsa de Valores a pregar-lhe sustos periódicos.

As novas terras adquiridas recentemente e necessitadas de reorganização.

Os diversos escritórios reclamando sua presença constante.

Por fim, com um suspiro de desabafo, exclamou para si mesmo:

— Isto é que é vida. Enquanto me mato, esse aí só quer sombra e água fresca!

E, descendo o aterro da estrada para um bate-papo amigo, descobriu com grande surpresa que o pescador era pobre homem, doente e faminto, que ali se encontrava há várias horas à procura de alimento.

Não julguemos à distância, nem invejemos as posições alheias.

Muitas vezes, a pessoa que imaginamos realizada e feliz é alguém em aflitivas provações, com problemas muito maiores que os nossos.

25

A VISITA OBRIGATÓRIA

— Deus me livre do cemitério. Morte comigo, nem de longe!

Assim, falava dona Cocota Miranda. Era espírita convicta. No entanto, nutria verdadeiro pavor pela morte. Exagerava atitudes e reações.

Naquela tarde, fora convidada pelo esposo a visitar, no próximo dia, o túmulo do genro, desencarnado há dois anos. Era véspera de finados. A esposa recusara terminantemente.

— Cocota — dizia o marido, carinhoso — não decepcione nossa filha. Ela espera sua companhia e conforto amanhã.

A esposa, entretanto, respondia, incontinênti:

— Não irei. Cemitério comigo, nem em dia de finados!

— D. Cocota — interferia Joaquim, o amigo da família — não lhe custa fazer esta caridade. É coisa de minutos. Deposita-se uma flor. Faz-se uma prece. É visita de respeito e carinho.

Contudo, dona Cocota retrucava com veemência:

— Não insistam! Rezo aqui mesmo. Não irei.

À noite, porém, reinou confusão em casa. Acorreram vizinhos pressurosos. Correria de familiares. Médico às pressas. No entanto, tudo foi inútil. A esposa temerosa desencarnara, vítima de fulminante enfarte do miocárdio.

No dia seguinte, quase na mesma hora marcada para a tão discutida visita, dona Cocota Miranda, por bem ou por mal, comparecia, obrigatoriamente, ao cemitério.

26

O OUTRO LADO DA QUESTÃO

Apoiada ao muro do jardim, a dona da casa iniciou o diálogo com a amiga, exclamando:

— Você viu a roupa do vizinho da esquina? Bem que ele poderia se vestir melhor!

E continuou a conversa, alinhando censuras e insinuações diversas.

Criticou a limpeza da calçada em frente.

Lembrou o automóvel empoeirado do vizinho da direita.

Ridicularizou a pintura da casa à esquerda.

Reprovou a visita demorada, que recebera na véspera.

Comentou as dissensões íntimas de casal conhecido.

Quando já falava por mais de meia hora, percebeu a fumaça e o cheiro de queimado, vindos lá de dentro.

Desesperada, correu logo para o interior da casa e observou, surpreendida, que ela própria se esquecera de desligar o ferro de engomar. Esse descuido lhe havia custado a destruição de algumas peças de roupa e a ameaça de um incêndio.

Não fujamos ao exemplo da discrição e do bem.

Perdidos em sombras de egoísmo e leviandade, deleitamo-nos em censurar a conduta alheia.

Gastamos tempo precioso, esmiuçando a vida do semelhante, sem qualquer consideração.

Contudo, enquanto nos iludimos em tais atitudes, a vida mesma se encarrega de apontar nossas próprias obrigações negligenciadas.

27

RESPOSTA OPORTUNA

O coronel Firmino Pereira era conhecido fazendeiro na região. Tornara-se espírita e desde então se fizera denodado batalhador da causa. Dotado de profundo bom senso. Trabalhador incansável, declarava abertamente suas ideias.

Naquele dia, visitava uma Exposição Agropecuária, quando reencontrou o velho amigo Batista. Troca de cumprimentos. Abraços. Recordações.

Por fim, o Batista tocou no assunto e perguntou:

— Que é isso, Pereira, que ando ouvindo por aí?

Que agora você mexe com almas do outro mundo?

— Tornei-me espírita — respondeu o coronel Pereira — e sinto-me feliz por isso.

— Mas, compadre — insistia o amigo — com o respeito que lhe devo, isso não é lá coisa para sua cabeça. Tudo bobagem.

— Contudo — retrucava o coronel —, readquiri a alegria de viver e trago a consciência em paz.

A conversa continuava, até que o Batista interrogou, com ironia:

— Pereira, em sua crença, o que acontece com caboclo teimoso, como eu? Não aceito essas coisas, nem que me abram a cabeça. Que dizem lá suas teorias?

Nesse momento, ouviram palmas. No rodeio, um peão montava rebelde animal, e o povo aplaudia com entusiasmo. O coronel Pereira apontou a cena e rematou, com um sorriso:

— Nesse caso, se, apesar de todas as evidências, você reluta em aceitar a verdade, comparecerá por muitas vezes ao rodeio das encarnações, suportando no lombo, dores e provas inúmeras; e, embora seus pinotes e reclamações, acabará um dia, mansinho, mansinho...

28

A RECUSA

 margem da movimentada avenida, o senhor de meia-idade procurava desesperadamente um táxi.

Estava acompanhado da esposa e filhos e afligia-se por chegar logo à casa.

Vento e trovões, cada vez mais intensos, anunciavam a tempestade iminente.

Era a hora do "rush" vespertino.

Ruas repletas de veículos.

Calçadas apinhadas de gente apressada.

O chefe da família chamava e procurava, mas todos os carros já estavam lotados.

Por fim, apareceu um táxi à distância.

O esposo inquieto se lançou à frente. Fez sinal. Gritou.

Entretanto, o motorista fingiu não ver e passou, sorrindo.

Então, foi uma avalanche de impropérios, terminando com o desabafo de que havia sido esquecido por Deus.

Contudo, depois de algum tempo, o pai aflito tomou novo táxi, e não havia ainda rodado dois quilômetros quando topou com o trânsito engarrafado e grande aglomerado de pessoas.

Observou, então, que o motorista que se negara a transportá-lo dera violenta batida num ônibus, transformando-se o carro em amontoado de ferro retorcido.

A recusa salvara a família.

Não duvidemos da Bondade Divina.

Frequentemente, só porque nossos anseios não são atendidos, costumamos afirmar que Deus não se lembra de nós. Todavia, é preciso convir que, quando isto ocorre, é porque, se nossos desejos fossem realizados, certamente nos conduziriam a caminhos piores.

29

CARÊNCIA DE ESTUDO

O senhor Florencio Silveira era espírita há muitos anos. Dedicado amigo dos sofredores. Sincero. Grande disposição ao serviço do bem. Entretanto, nutria verdadeiro pavor pelas reuniões de estudos doutrinários. Não as frequentava sob pretexto algum.

Após os trabalhos práticos de quinta-feira, o amigo Borges ponderava a situação.

– Silveira, compareça às reuniões de estudo. É preciso estudar para compreender a religião que abraçamos.

– Deus me livre de letrados – respondia o outro. – Nada de letras e livros. Fico cá com minhas ignorâncias!

– Entretanto, Silveira – insistia o Borges – o Espiritismo é a doutrina da fé raciocinada e nos convida ao estudo e ao entendimento. Urge entendê-lo para não traí-lo nas atitudes. Pense bem.

Nesse momento, aproxima-se humilde senhora, trazendo um vidro de remédio na mão. Fala aos dois. Estivera no ambulatório do Centro pela manhã e pegara o remédio. Contudo, ao tomá-lo, sentira-se muito mal. Pedia explicações. Ambos se prontificaram a ajudá-la e descobriram que se tratava de loção para usar na pele, e a pobre senhora, por não entender, havia ingerido o líquido.

Borges, lampejado por súbita inspiração, aproveitou a hora e rematou:

— Aí está, Silveira, o que pode a ignorância. Quanta gente boa, por não estudar a Doutrina Espírita, tem-na colocado justamente onde não devia estar.

30

ALARME FALSO

O jovem chegou à janela e mirou o casario em volta. A residência em que se encontrava se erguia em ponto bastante elevado, permitindo ampla visão da vizinhança.

Ao correr os olhos sobre as casas mais distantes do quarteirão, um quadro lhe despertou o interesse.

Grossos rolos de fumaça se elevavam daquele ângulo.

Labaredas, de quando em quando, tingiam de alaranjado o negrume do fumo abundante.

Logo no mesmo instante, uma sirene disparou com insistência.

– É incêndio – pensou o rapaz –, e os bombeiros devem estar chegando.

Sem cuidar de mais nada, saiu de casa, anunciando a cena que presenciara.

Pouco tempo depois, a rua se enchia de dezenas de pessoas, encaminhando-se ao local indicado pelo jovem.

Muitas levavam baldes. Outros carregavam mangueiras.

Todos se preparavam para o socorro urgente.

Entretanto, logo que chegaram ao local, grande surpresa os esperava.

O incêndio anunciado nada mais era do que um monte de lixo, a que vizinho próximo ateara fogo, no quintal da própria casa. A sirene era de uma ambulância, que por ali passara há poucos momentos.

Fujamos às interpretações apressadas.

Evitemos julgamentos imponderados.

Resguardemo-nos de análises incorretas e parciais.

Essas atitudes quase sempre nos levam a promover confusão e transtorno, infelicitando a quantos cruzam nosso caminho, plantando, assim, amarguras e angústias para os dias porvindouros.

31

O LIVRE-ARBÍTRIO

— Não acredito em livre-arbítrio. Na verdade, somos escravos de um destino, por vezes cruel.

Assim falava Belarmino Fontes. Era professor brilhante. Dedicado cultor da filosofia. Inteligente e sincero. Entretanto, desde que perdera o filho em desastre automobilístico, tornara-se tristonho e fatalista.

— Fontes — quem respondia era o doutor Medeiros, abnegado médico espírita —, todos possuímos, sim, o livre-arbítrio. Pensamos livremente. Agimos de acordo com a vontade. Deus nos outorga a liberdade de decidir, conforme o grau de evolução do Espírito. Somos dotados de certo grau de liberdade de ação.

Ambos conversavam, aboletados em um banco de jardim. Aproveitavam o frescor da noite.

— Não concordo — retrucava o professor —, somos bonecos, presos a um fatalismo terrível.

A conversa continuou por várias horas. Consultaram o relógio. Era uma e trinta da madrugada. Levantaram-se e começaram a andar, trocando ideias ainda. No entanto, ao dobrarem a primeira esquina, foram barrados por vulto agressivo de arma em punho, que exclamou, ameaçando:

— O dinheiro ou a vida!

Todavia, ante a surpresa do amigo, o Medeiros deu enorme gargalhada e completou:

— Fontes, a Providência Divina leciona em qualquer circunstância. Embora você não acredite no livre-arbítrio, terá que usá-lo agora, queira ou não.

32

A VIAGEM

a véspera da viagem marcada, o motorista se esmerou em preparar o carro.

Conduziu-o à oficina para reparos diversos.

Levou-o ao Posto para que fosse bem lavado.

Exigiu que se fizesse limpeza da faixa branca dos pneus.

Dirigiu-se ao eletrotécnico para revisão da eletrola e do rádio, garantindo notícias e música durante a viagem.

Buscou pessoal competente para polimento da pintura e dos metais.

Foi ao tapeceiro, adquirindo nova e bela capa para o estofamento.

Finalmente, comprou um adorno para o interior do automóvel e aproveitou a ocasião para trocar o chaveiro.

No dia seguinte, quando havia percorrido apenas alguns

quilômetros, o carro parou por falta de combustível.

Nas devidas proporções, fato semelhante ocorre conosco.

Passamos uma existência inteira reunindo valores superficiais.

Pontificamos na moda e na elegância.

Brilhamos nas rodas sociais.

Conquistamos influência e poder.

Entretanto, somente quando viajamos para a Vida Espiritual, descobrimos que o mais importante foi esquecido.

33

DÍVIDA E REENCARNAÇÃO

Século XVIII – 1769 – Na varanda da Casa Grande, Maria Amélia arquitetava o terrível plano. Sim, Tereza Cristina não lhe roubaria o noivo. Afastá-la-ia de seu caminho, custasse o que custasse. Seus sonhos de moça apaixonada não seriam destruídos pela prima.

Maria Amélia pensava, pensava... O passeio a cavalo, marcado para o dia seguinte às margens do rio, deveria servir de algum modo para eliminá-la. Ali se encontravam as abelhas mortíferas que já haviam aniquilado duas reses desprevenidas. Bastaria somente colocar a prima ao alcance delas.

Precisava ter uma ideia!... Surgiu-lhe, então, o plano macabro. Assustar-lhe-ia o cavalo no local mais próximo às abelhas. Ela nada sabia a respeito da região perigosa. Dispararia a arma entre as patas do animal, que a lançaria ao solo e fugiria em seguida. Depois, ela própria retirar-se-ia do local e... pronto, tudo terminaria.

No dia seguinte, quando ambas se encontravam na zona

perigosa, Maria Amélia não hesitou. Disparou a arma. O cavalo de Tereza Cristina empinou-se e a jovem caiu com um grito de dor. O zumbido ameaçador já era audível, quando Maria Amélia esporeou o próprio animal e, afugentando a outra montaria, afastou-se rapidamente. Ao longe, ainda pudera ouvir os gritos de Tereza Cristina.

Mais tarde, o corpo da jovem foi encontrado, quase disforme. Tudo parecera acidente. O tiro não fora ouvido, e todos acreditavam que Maria Amélia escapara por milagre e sua prima não tivera sorte.

Século XX — 1969 — Na cidade mineira de Uberlândia, os jornais noticiam em manchetes:

ABELHAS VOLTAM A ATACAR
MOÇA MORTA NUM PIC-NIC

E, logo a seguir, a notícia esclarece que várias moças, quando se reuniam num piquenique às margens de um riacho em fazenda próxima, foram atacadas por abelhas ferozes. Uma delas, a mais atingida, veio a falecer num dos hospitais da cidade enquanto era atendida pelos médicos.

Duzentos anos depois, a Lei se cumprira, e Maria Amélia, pela bênção da reencarnação, resgatara sua dívida.

34

A DIFERENÇA

iante da mocinha, que rogava uma esmola, o senhor elaborou longo relatório.

Quis saber a idade da moça.

Interrogou que escola frequentava.

Perguntou pelos pais.

Inquiriu a respeito da situação da casa em que moravam.

Interessou-se em conhecer o estado de saúde de toda a família.

Falou em empregos e salários.

Desejou inteirar-se sobre os irmãos.

Depois, despediu rudemente a moça, alegando não possuir nenhum trocado, e resmungou consigo mesmo:

— Está bem vestida e tem boa saúde. Não precisa de auxílio, e sim de serviço.

Entretanto, mais tarde, ao dirigir-se para casa, entrou numa joalheria e comprou, de uma só vez, três caros chaveiros, pagando elevado preço para aumentar a coleção da filha.

Irmãos, renovemos nossas atitudes.

Para dar aos outros, realizamos verdadeira sindicância, humilhando o semelhante. Contudo, para presentear os nossos, ajuntamos luxo e excesso, quase sempre não ligando a mínima importância aos gastos inúteis.

35

IGNORÂNCIA E VENENO

O coronel Jeremias Borba era conhecido fazendeiro na região. Fizera fortuna. Vivia confortavelmente. Entretanto, nutria pavor por assuntos de cultura. Não frequentara a escola. Não sabia ler nem escrever. Após enfermidade longa e cruciante, fizera-se espírita.

– Jeremias – quem falava era o amigo e companheiro de doutrina, o Deodato –, pensemos agora no enriquecimento intelectual da alma. Você venceu materialmente. Aprendeu a cultivar o bem. Cuidemos, então, das leituras, já que Deus lhe faculta existência folgada. Façamos uma tentativa.

– Deus me livre de leituras – interrompia o coronel, agitado. – Nada quero com isso.

– Mas, Jeremias – insistia o amigo – o Espiritismo nos ensina o valor das aquisições da alma. Aprender a ler agora será economia de tempo na vida espiritual ou em existência posterior. Façamos a experiência. Procuraremos ajudá-lo em lições diárias, com hora marcada.

83

— Agradeço — retrucava o coronel. — Nada de encher a cabeça com alfabeto. Quem viveu sem leitura até agora, não precisa mais dela.

O tempo passou — o coronel resistindo à ajuda dos amigos — até que correu a triste notícia. O velho fazendeiro fora encontrado morto em sua própria casa. Envenenamento, diziam os médicos.

Os companheiros, pensando em suicídio, iniciaram averiguações. Entretanto, após algumas buscas, concluíram que o amigo, martirizado por terrível dor de cabeça, durante a noite, teria se dirigido à pequena farmácia, que ajuntara em casa, e ingerira grande dose de veneno. Verificaram, então, que o pobre homem, porque não soubera ler o rótulo do medicamento escolhido, fizera troca de frascos e, assim, ao invés de ingerir o analgésico, havia tomado poderosa substância tóxica.

36

O TROCO

O dono do bar censurou energicamente o empregado. Exigia-lhe que ouvisse a reprimenda em silêncio. Dirigiu-lhe repreensões em voz alta, diante de todos os presentes.

Mostrava-lhe o copo mal lavado e jorrava xingatório diverso.

Quando o rapaz tentou justificar-se, houve novo acesso de cólera, com verbo avinagrado e murros no balcão.

Nesse ínterim, porém, um freguês notou o troco errado.

Reclamou junto ao proprietário e, porque este não admitia o próprio engano, surgiu discussão desagradável.

Por fim, o palavrório só não acabou em luta corporal, porque gente ponderada entrou na questão.

Muitos de nós fazemos assim.

Repreendemos sem discrição o nosso semelhante.

Publicamos as imperfeições alheias.

Exigimos humildade de quem nos ouve as censuras.

Entretanto, quando alguém faz o mesmo conosco, não admitimos para nós o que receitamos aos outros.

37

A DUREZA

— Comigo é no porrete e na estocada. Não levo desaforos para casa.

Era assim que falava Jovino Silveira, o comerciante bem posto. Espírita de largos gestos de generosidade. Entretanto, trazia sempre um chicote nas palavras. Mestre em respostas violentas e atitudes bruscas.

Acabara de discutir por bagatelas com alguns companheiros, e ali estava a justificar-se com o amigo Rafael, que ponderava:

— Jovino, é preciso ajuntar delicadeza e brandura nas palavras. Ninguém aceita verbo avinagrado no cálice da amizade. Convença-se disto.

Contudo, o violento discutidor retrucava, incontinenti:

— Qual nada, comigo é no tapa. Não deixo para depois o que tenho de falar agora.

— Como espíritas — insistia o amigo —, temos obrigação

de melhorar sempre. Não devemos perder tempo e oportunidade.

Jovino, porém, retrucava sem tardança:

— Meu espiritismo é de aço. Dureza no conhecimento e dureza nas atitudes.

Nesse ponto da conversa, alguém bate à porta. Era pobre senhora da vizinhança. Não estava bem. Desejava um passe.

Ambos se prontificaram a ajudá-la. Jovino tomou *O Evangelho Segundo o Espiritismo* para a leitura inicial e o abriu ao acaso. Qual não foi a surpresa, todavia, quando, na página aberta, seus olhos se depararam com o item nº 4 do capítulo 9, onde se lê:

"Por estas máximas, Jesus estabeleceu como lei a doçura, a moderação, a mansuetude, a afabilidade e a paciência. E, por consequência, condenou a violência, a cólera, e até mesmo toda expressão descortês para com os semelhantes".

Terminada a leitura, enquanto Rafael orava, Jovino acompanhava a prece, pensando, pensando...

38

A FORÇA DO TRABALHO

A floresta se erguia majestosa no continente inexplorado.

Árvores vigorosas a estenderem suas ramagens aos céus.

Riquezas imensas perdidas no interior misterioso.

Feras diversas eram os habitantes naturais e permanentes.

Serpentes venenosas representavam armadilhas perigosas.

Espinheiros se erguiam à conta de barreira intransponível.

Um dia, porém, chegou o homem com a força do trabalho.

Trouxe máquinas e cooperadores inúmeros.

Fez planos e se interessou pela pesquisa e exploração dos recursos naturais.

Árvores cederam madeira para construções.

Raízes se fizeram matéria-prima para medicamentos.

As serpentes foram aproveitadas na produção de soros diversos para tratamento de suas próprias agressões.

As feras recuaram e sumiram. Os minerais edificaram a riqueza.

E onde era, outrora, mata intransponível, surgiu bela e progressista cidade.

Assim ocorre conosco no reino do Espírito. Antes do encontro com Jesus, somos florestas densas, onde os perigos se misturam às preciosidades.

Entretanto, o serviço da reforma íntima realiza, em nós, o reino de Deus.

Não descreia, pois, da força do trabalho.

39

A FESTA

I

ona Leontina Silveira era espírita há vários anos. Alcançara a luz da doutrina após longa enfermidade e, desde então, fizera-se denodada batalhadora a serviço do bem.

Amava o trabalho assistencial. A caridade lhe constituía preocupação dominante.

Entregara-se, há algum tempo, como diretora do departamento de assistência do Centro Espírita, onde militava, à construção de um albergue para velhos. Fazia campanhas. Angariava fundos. Lutava sem cessar.

Enquanto aguardava oportunidade para a palestra com o presidente do Centro, que atendia a alguns necessitados, recordava as longas e árduas lutas...

Os primeiros tijolos... E ali estava, agora, a projetar a festa junina para amealhar mais recursos.

II

— Compreendemos que a festa é necessária, D. Leontina, mas lhe rogamos que evite o álcool.

Quem falava era Walter Noel, o presidente da entidade.

— Mas, Walter, festa junina sem quentão é festa destinada ao fracasso. Sem os elementos típicos, pouca gente se interessará.

— O álcool, porém, é mau companheiro. Quando menos se espera, surgem aborrecimentos — interferia Ramiro, companheiro nas tarefas.

Entretanto, depois de prolongada conversa, D. Leontina logrou convencer os companheiros. Realizaria a sonhada festa.

Marcou-se a data. Movimentou-se o grupo. Traçaram-se planos.

III

No dia designado, transcorria normalmente a festa.

Luzes por toda a parte. Mesas superlotadas. Rostos alegres e conversas animadas.

De repente, contudo, cresce o alvoroço num dos cantos do grande pátio. Correrias. Gritos de socorro. Levantaram-se várias pessoas. D. Leontina é solicitada imediatamente.

Quando, porém, chega junto ao aglomerado e abre passagem para atingir o ponto da confusão, observa, desapontada, o próprio filho, exaltado e a debater-se, enquanto dois amigos procuravam acalmá-lo. O rapaz abusara do quentão. Embriagara-se. E como se tornara inconveniente, fora com delicadeza convidado a retirar-se.

40

DEPOIS DA CRISE

Gemendo de dor, o jovem pedia providências enérgicas.

Reclamava a presença de médicos competentes.

Suplicava pelo carinho de seus pais.

Rogava o concurso fraterno de amigos e companheiros.

Encaminhado ao hospital, movimentaram-se logo os recursos necessários.

Anotações e exames.

Radiografias e aparelhagem especializada.

Por fim, o diagnóstico e a necessidade evidente de longo tratamento com internação, a fim de que a enfermidade fosse contornada com segurança.

Informado a respeito, o jovem dispôs-se a tudo.

Entretanto, cinco dias após o internamento, o rapaz

resolveu abandonar o hospital, alegando que se sentia melhor e, sendo jovem, precisava aproveitar a vida.

Fato semelhante ocorre conosco.

Quando os problemas angustiantes ou as enfermidades aflitivas nos batem à porta, somos pródigos em rogativas a Deus.

Pedimos o concurso de Amigos Espirituais.

Aventamos a necessidade de passes através de companheiros encarnados.

Frequentamos assiduamente as sessões espíritas, buscando consolo e paz e ressaltando o imperativo da reforma íntima.

Entretanto, basta que surjam as melhoras e os problemas desapareçam, para que logo nos esqueçamos de todos os compromissos com os Benfeitores da Vida Maior e, então, atiremo-nos às avenidas das diversões, alegando que a vida é curta e é preciso aproveitá-la.

FESTA NO CENTRO

— Festa em Centro Espírita? Mas isto é um absurdo.

Era assim que começava o diálogo entre Lauro Batista, presidente eleito do recém-fundado Centro Espírita "Paz e Harmonia", e os demais companheiros da diretoria. Alguns companheiros haviam decidido dar pequena festa quando da inauguração da nova entidade. Poucos salgados. Refrigerantes. Música. Nada, porém, de álcool. Lauro, entretanto, e alguns outros diretores, opinaram em contrário. Fizera-se, então, a reunião em casa de dona Lelé, a companheira entusiasta das festividades.

— Dona Lelé — afirmava o presidente —, Centro Espírita é templo de oração. Hospital aos menos favorecidos. Abrigo aos necessitados. Não é salão qualquer, onde se faz discurso e depois se dá festa.

Contudo, a discussão continuou horas a fio, uns contra,

outros a favor, até que dona Lelé conseguiu sua festinha aprovada.

No dia escolhido para a inauguração, logo após as cerimônias de praxe, a entusiasmada festeira começou a servir os convidados. Salgados diversos. Refrigerantes variados.

Todavia, após algum tempo, surgiu o imprevisível.

Dois companheiros de diretoria do Centro entraram em inoportuna discussão. Disputavam uma empada, sozinha na bandeja, quando eclodiu o desacordo. Palavras ásperas. Insultos. Empurrões e sopapos. Quando os demais amigos se acercaram para acalmar, ambos rolavam no chão, atracados.

Correrias. Gritos. Confusão enorme. Nessa hora, entretanto, apareceu dona Lelé. E, enquanto os dois briguentos eram separados, com trocas de desaforos e promessas de vingança, a entusiasta da festa, com um sorriso sem graça, pediu silêncio e, embora o barulho ainda reinante, proclamou bem alto:

— Meus irmãos, a festa acabou. Está inaugurado o Centro Espírita "Paz e Harmonia".

42

PALAVRAS, SÓ PALAVRAS

Trancada em seus aposentos, a jovem professora preparava a aula de moral evangélica.

Consultava livros diversos, procurando inspiração e assuntos.

Alinhavava palavras, ressaltando o benefício do perdão.

Coordenava frases de grande beleza, valorizando a piedade filial e a obediência aos pais.

Construía períodos sonoros, evidenciando a nobreza da humildade e do respeito.

Páginas inteiras foram preenchidas por conceitos harmoniosos, considerando a importância inestimável da brandura e da educação.

Após algumas horas de serviço proveitoso, em que belíssima aula de moral cristã fora confeccionada, a jovem abandonou o aposento, à procura do jantar.

Entretanto, ao chegar à cozinha e encontrando a mãe ainda atrasada com os preparativos, provocou verdadeiro escândalo.

Falou em horário certo.

Relembrou o cumprimento das obrigações.

E tanto reclamou que, após alguns momentos, a pobre mãe sofreu violenta crise nervosa, movimentando toda a casa com enorme confusão.

Isto ocorre conosco no dia a dia da existência.

Pregações sem exemplos.

Palavras sem comportamento correlato.

Verbo avinagrado e atitudes bruscas...

Cabe, porém, a cada um de nós, viver o que ensinamos, cuidando do burilamento íntimo. A fé é monumento grandioso e belo em nossa vida. Entretanto, a construção de semelhante edifício, sem o devido funcionamento na exemplificação diária, é tarefa fadada ao insucesso, porque, conforme a palavra do Apóstolo, "a fé sem obras é morta em si mesma."

43

LEÔNCIO E LUCINHA

Acomodado em um dos leitos da enfermaria do Hospital, Leôncio Moreira pensava. Internara-se pela manhã, atormentado por intensa crise dispneica.

— Coração — dissera o médico. Necessário o repouso e tratamento sério.

Entretanto, agora que já se sentia melhor e com a respiração mais livre, recordava os acontecimentos de sua vida atribulada.

Lágrimas furtivas lhe deitavam dos olhos, molhando o travesseiro. Lembrava-se da face angelical de Lucinha. Ah! Como lamentava sua ausência, agora que fora visitado pela enfermidade. As recordações lhe traziam à mente os primeiros anos felizes do casamento. A casa pequena, mas alegre. O bairro agradável. As noites lindas e salpicadas de estrelas, em que trocaram promessas de felicidade. Não tiveram filhos. Contudo, Lucinha lhe compensava o vazio,

100

coroando-lhe as horas com ternura e compreensão redobrada. Depois, acontecera aquilo. Renata lhe surgira na vida como paixão alucinante. Desequilibrara-se diante de sua beleza. Não resistira a seus carinhos. Primeiro, os encontros clandestinos. Em seguida, crescera-lhe a necessidade da jovem. Quando se decidira a abandonar o lar, estava disposto a tudo para acompanhá-la. Lembrava-se, então, de Lucinha, encostada à porta da sala, chorando copiosamente. Pedia-lhe explicações. Queria saber o motivo de tão súbita decisão. Que a perdoasse se existira alguma ofensa. Todavia, ao sentir a irreversibilidade dos propósitos do marido, calara-se em conformação dolorida. Dissera-lhe compreender a atitude. Que seguisse seu caminho, mas igualmente guardasse a certeza de que o amaria sempre. Quando quisesse — e ao dizer tais palavras, o pranto lhe banhara o rosto —, poderia voltar. Seria sua sempre, sempre.

À lembrança destas cenas, Leôncio sentiu que as lágrimas lhe corriam mais depressa. O recrudescimento da dispneia obrigou-o a cortar o fio das recordações. Pediu a presença da enfermeira. A resposta chegou anunciando que a nova plantonista — a da noite — já consultava sua ficha de medicação e viria logo.

Leôncio fechou os olhos enquanto esperava. Algo o compelia a recordar. Retomou a esteira de lembranças. Sim, decidira-se a viver com Renata. Mudara-se de cidade. Os primeiros meses haviam sido maravilhosos. A nova companheira redobrava atenções e carinhos. Moravam em casa confortável. Nada lhes faltava. Entretanto, ao fim do primeiro ano, perdera o emprego. Começaram as dificuldades. Renata se tornara irritadiça. Desagradava-se com a necessidade de economias, até que a situação se reajustasse. Os empregos sumiram como por encanto. Então, veio o golpe inesquecível. Um dia, ao chegar à casa, encontrara o bilhete de Renata: fora-se, justificando que não nascera para amargar privações; que se arranjasse porque ela se arrumaria de algum modo; que amor sem dinheiro não era sua vocação. Quantos dias vagara sem destino e sem esperança, não sabia! Apenas se recordava da firme decisão de vir para São Paulo. Começar vida nova. As saudades de Lucinha apertaram insuportavelmente. Buscara-a na cidade antiga; no entanto, havia alguns meses que se mudara, e não dissera a ninguém seu destino.

Leôncio abre os olhos e enxuga-os com a dobra do lençol.

Quão grandes não foram sua decepção e desespero. Perdera Lucinha! Apesar de tudo, porém, mantivera o propósito de radicar-se na capital paulista, procurando recomeçar. Pusera a cabeça no lugar. Errara, sim, errara muito. Entretanto, era preciso enfrentar a realidade. Empregara-se, na capital, em pequeno armazém de Vila Maria. Ganhara logo a confiança dos patrões. Fizera-se funcionário digno. Com que alegria não recebera, algum tempo depois, a oferta para ocupar pequeno cômodo, nos fundos do estabelecimento! Ah! Quantas noites não contemplara da janela do quarto as estrelas coruscantes, as mesmas estrelas que Lucinha apontava! Que felicidade se ela o reencontrasse, agora que era homem renovado. Nos dias mais difíceis, entre o remorso e a amargura, conhecera Walter, o amigo dedicado. Fizera-se espírita através do companheiro. Absorvera as luzes da nova doutrina, ganhando forças para vencer o desespero e alimentar a esperança. Orava com fervor a Jesus, rogando para que, um dia, antes de fechar os olhos no sono da morte, pudesse reencontrá-la. Pedir-lhe perdão. Vê-la pelo menos, matar as saudades imensas. Esta madrugada, porém, surpreendera-o com a crise. Falta de ar quase enlouquecedora. Depois, o internamento no hospital. Agora, as lembranças amargas.

Nesse instante, todavia, surge a enfermeira requisitada. Chama-o carinhosamente, oferecendo-lhe o remédio. Leôncio se sobressalta. Aquela voz! Não podia ser verdade! Mas era ela, sim, era ela! Com a vista enevoada pelas lágrimas, observa a enfermeira a seu lado, dizendo quase louco de alegria:

— Lucinha, Lucinha, minha querida! Louvado seja Deus! Minhas preces foram ouvidas.

A enfermeira, reconhecendo no doente o grande amor de sua vida, soltou um grito abafado e, diante do espanto dos outros pacientes, prorrompeu em soluços. Ajoelhou-se ao lado do leito e, cobrindo as mãos do marido com lágrimas e beijos de indefinível ternura, falou, quase sufocada pelo pranto:

— Leôncio, meu amor! Você voltou! Você voltou!

44

DIAGNÓSTICO E TRATAMENTO

No recinto do hospital, toda a equipe médica se movimentava ativamente. Internara-se, há pouco, paciente com padecimentos graves e cruéis. Era necessário pesquisar-lhe a doença e chegar ao diagnóstico.

Iniciou-se, então, o longo caminho para a descoberta.

Perguntas ao doente, e respostas anotadas cuidadosamente.

Pesquisou-se o passado mórbido, até mesmo as doenças da infância.

Demorado exame físico foi executado por médicos diversos.

Buscas específicas exigiram vários especialistas.

Reações bioquímicas foram pedidas com urgência.

Radiografias em posições inúmeras foram estudadas com atenção.

105

Por fim, atingiu-se o diagnóstico definitivo, instituindo-se, com a presteza possível, o tratamento correto.

⌘

Todos nós, no grande hospital da vida, trazemos sinais evidentes e enfermiços de imperfeição espiritual.

À semelhança das doenças do corpo físico, cumpre-nos descobrir a faixa negativa e iniciar a terapêutica urgente e certa. Entretanto, em relação aos problemas da alma, a Doutrina Espírita nos oferece recursos bastantes para sermos nós mesmos os médicos competentes; isto é, diagnóstico seguro na base do autoconhecimento e tratamento eficaz, através da medicação inesquecível, instituída pelo Mestre Divino: "Amar ao próximo como a nós mesmos".

45

A PINTURA NOVA

— Não admito espírita com vícios. No meu entender, quem já recebeu a luz do Espiritismo deve revestir-se de virtudes, sufocando as próprias imperfeições.

Assim falava Alípio Borba. Espírita de longa data. Trabalhador. Companheiro assíduo nas tarefas de caridade. Era, entretanto, excessivamente rigoroso em assuntos de perfeição moral.

Naquele dia, encontrara-se com o amigo Juliano:

— Todos nós, espíritas ou não, trazemos sombras do passado. Ninguém muda de um dia para o outro. Tenhamos paciência.

— Não concordo — retrucava Alípio Borba. — Só não muda quem não quer.

— O assunto pede bom senso — insistia Juliano. — Como vestir-se a túnica alva com o corpo ainda empoeirado? É mister o banho do esforço próprio para a remoção da sujeira. Aceitemo-nos como somos sem a pretensão de exibir pureza que ainda não possuímos.

Nesse instante, porém, passaram diante de velha construção que, ao que tudo indicava, recebera nova pintura há pouco tempo. Alguns pontos da parede, entretanto, mostravam grandes espaços descorados e a tinta anterior, mais escura, sobressaía com bastante evidência.

Juliano, como bafejado por súbita inspiração, parou abruptamente e, mostrando a construção ao amigo, falou:

— Veja, Borba, esta casa recebeu pintura nova sem a raspagem da tinta anterior. Isto é retrato da santidade de superfície. Quem impõe virtudes sem cuidar da verdadeira reforma íntima acaba botando tinta nova sobre tinta velha. Qualquer dia destes, o tempo se encarrega de apagar uma e mostrar a outra.

Diante da lógica argumentação, Alípio Borba se calou e, tomando o braço do amigo, mudou logo de assunto.

46

O ÓLEO DA CARIDADE

Abrigada em grande pavilhão, a indústria produzia largamente. Possantes motores trabalhavam a toda potência.

Máquinas diversas executavam funções diferentes.

Engrenagens várias giravam sem cessar.

Polias e correias de tamanhos variados faziam o entrosamento do conjunto.

De repente, entretanto, um barulho estridente e estranho inundou o ambiente.

Operários inúmeros, assustados, movimentaram-se imediatamente.

Soaram sinais de alarme e, em poucos segundos, todo o conjunto de máquinas estava parado.

Os técnicos, chamados a opinar, tomaram providências enérgicas.

Desmontaram todo o mecanismo.

Examinaram todas as peças.

Testaram aparelhos individualmente.

Por fim, após minuciosa análise, descobriram que o ruído estranho era proveniente da má lubrificação de uma das máquinas.

Quantas vezes não agimos à semelhança de máquinas desprovidas de óleo, esparzindo confusão e dissidência, através do verbo avinagrado e das atitudes bruscas! Evitemos, assim, a repetição desta invigilância. Fujamos à palavra contundente. Abandonemos os gestos indelicados.

Compreendamos, acima de tudo, que se nos dispomos ao serviço de Jesus, é mister lubrificar o coração com os princípios da caridade, porque, do contrário, mais dia, menos dia, de tal forma, estaremos destoando do bem que seremos levados à conta de escândalos, alarmes e tropeços, nas tarefas do amor.

47

AS BRASAS

rnesto Mendes visitava, pela primeira vez, o núcleo de assistência. Tornara-se espírita e se aprofundara em estudos doutrinários. Entretanto, via a relacionar suas imperfeições.

Caminhava junto aos companheiros durante as visitas domiciliares aos desafortunados, observando cuidadosamente.

Leitura evangélica. Passes. Palavras edificantes. Alimentos e remédios.

Iniciou, então, o diálogo com o amigo Segismundo:

— Isto me emociona — dizia, contristado. — Todavia, sinto-me sem recursos para ajudar alguém. Sou muito imperfeito. Só posso receber. Nada tenho para dar.

— Nada disso, Ernesto — retrucava Segismundo. — Não somos santos. Todos trazemos erros. Contudo, o serviço com Jesus é o começo da renovação.

— Sinto-me pesaroso — insistia Ernesto —, pois não me

acho em condições de auxiliar os sofredores. As sombras me pesam nos ombros.

— Todos trazemos sombras — respondia o companheiro. — No entanto, isto não nos dispensa de ajudarmo-nos mutuamente.

A conversa continuou por longo tempo. Quase ao final das visitas, penetraram pequeno casebre. Logo à entrada, Segismundo percebeu, à pouca distância, um monte de tijolos fazendo a vez de fogão, onde se acumulavam brasas fulgurantes. Sentiu a inspiração a inundar-lhe a cabeça e, mostrando o quadro grandioso ao amigo, comentou com um sorriso nos lábios:

— Veja, Ernesto, aquelas brasas no fogão. São belas e brilhantes, porque receberam aquecimento adequado. Se não sofressem a ação do fogo, seriam apenas pedaços de carvão, fazendo sujeira onde estivessem. Assim somos nós. Guardando as devidas proporções na analogia, pelos erros e sombras que trazemos, somos pedaços de carvão nos caminhos de Deus. Mas, desde que nos disponhamos a acender a chama do amor no coração, pelo serviço da caridade ao próximo, iremos transformando-nos pouco a pouco em pedaços de luz.

Acabando de falar, virou-se para o prosseguimento das tarefas, iniciando a leitura da página evangélica escolhida, enquanto Ernesto Mendes mergulhava em profundos pensamentos.

48

ESCOLHAS

Saindo às compras, a jovem dona de casa penetrou o recinto do supermercado.

Selecionou as verduras de que precisava, afastando as que mostrassem qualquer sinal de deterioração.

Separou frutas diversas, evitando aquelas que estivessem passadas.

Buscou o cereal de sua preferência, exigindo produto de melhor qualidade.

Em seguida, depois de abastecer-se de todo o necessário, dirigiu-se a grande loja de tecidos.

Pediu a estamparia.

Preocupou-se com qualidade superior.

Finalmente, quase a chegar à sua residência, encaminhou-se à farmácia do bairro para adquirir o antibiótico receitado pelo médico da família. Entretanto, antes que o balconista embrulhasse o pequeno frasco, verificou a data de vencimento a fim de evitar o uso de medicação ineficaz e ultrapassada.

Amigos, meditemos no quadro acima.

Para satisfazer as exigências do corpo físico, realizamos verdadeiros prodígios de escolha.

Selecionamos alimentos.

Buscamos medicamentos seguros.

Preferimos tecidos de boa qualidade.

Portanto, se para atendermos a estrutura orgânica, perecível por imposição das leis biológicas, escolhemos e exigimos o melhor, da mesma forma não negligenciemos a saúde do Espírito, eterno por criação divina, buscando sempre escolher, convenientemente, os pensamentos, as conversações e as leituras, segundo o padrão do Evangelho de Jesus.

49

A TROCA DO PNEU

Paulo Matias e Joaquim Silveira viajavam, há algum tempo, de automóvel. Eram ambos espíritas. Companheiros de tarefas doutrinárias. Enquanto venciam o longo percurso, conversavam animadamente.

— Não consigo esquecer meus próprios erros — afirmava Paulo Matias. Na verdade, sou espírita e adquiri abençoado entendimento. Entretanto, cada vez que me surpreendo em erro, sinto o mundo em minhas contas.

— Todos erramos — respondia Joaquim Silveira. Trazemos sombra e luz. No entanto, é preciso não nos escravizarmos aos desacertos, ganhando força para a libertação nas atitudes corretas.

— Contudo — retrucava Matias —, não consigo me dominar. Sofro horrivelmente com meus erros, a ponto de não ter energias para nada.

Nesse momento, o veículo sofreu violento abalo, precedido de um estouro. Desgovernou-se. Matias, ao volante, agiu com firmeza. Encostou o carro. Um pneu estourado. Era preciso trocá-lo rapidamente se quisessem chegar a tempo para os compromissos.

Quando terminaram o serviço, Joaquim teve súbita ideia e, virando-se para o companheiro, começou a falar alegremente:

— Imagine, se agora estivéssemos em situação diferente. Se, ao invés de trocar rapidamente o pneu, ficássemos lamentando o ocorrido. Sem dúvida, chegaríamos tarde para os negócios. Paulo, meu amigo, nossos erros são pneus estourados. Tratemos de superá-los logo, substituindo-os pelo esforço no bem. Caso contrário, estaremos marcando passo nas lamentações, atrasando-nos nos caminhos da vida.

Ambos sorriram da observação inteligente e, reiniciando a viagem, continuaram conversando; todavia, ninguém lembrou os próprios erros.

50

RESPONSABILIDADE E NÓS

ela manhã, na garagem da residência, toda a família se encontrava pronta para a viagem de recreio. Acomodados no veículo, os filhos e a esposa, o chofer se prontificou a dar a partida. Entretanto, após várias tentativas inúteis, em que o motor teimava em não funcionar, o chefe da família perdeu a paciência.

Surrou as crianças só por causa do alarido.

Discutiu com a esposa.

Em seguida, recordando-se de que na véspera levara o carro à oficina para a revisão habitual, iniciou longa lista de reclamações.

Falou em mecânicos irresponsáveis.

Referiu-se a serviço desonesto.

Dissertou a respeito da exploração.

Por fim, como último recurso, resolveu examinar o

motor e observou, então, que, na noite anterior, ele próprio desligara o cabo da bateria, prevenindo-se contra qualquer tentativa de furto.

Diante das dificuldades naturais da vida somos pródigos em lamentações.

Responsabilizamos o próximo por nossos insucessos.

Atribuímos à família os obstáculos e inibições que nos cercam.

E não raramente acusamos a Providência Divina, mergulhados em desastrosa rebeldia.

Entretanto, basta uma análise mais pormenorizada para verificarmos que nós mesmos, diante da Lei de Causa e Efeito, sejam quais sejam as situações, somos os únicos responsáveis por nossos problemas.

51

AS UVAS ESTRAGADAS

José Toledo e Saturnino Pereira se encontraram casualmente ao entardecer. Iniciaram, então, diálogo interessante. Eram amigos há bastante tempo. Ambos espíritas.

Toledo falava com entusiasmo:

— Lá em casa, entra qualquer tipo de leitura. Gosto de ler, mas também variar. Espero que meus filhos façam o mesmo, logo que estejam em condições.

— Toledo — replicava Saturnino com seriedade —, em se tratando de você, tenho certeza de que o joio será afastado do trigo por seu entendimento. Mas, as crianças? Creio ser imprudência deixar qualquer livro em suas mãos. Os filhos são companheiros de outras eras que voltam ao nosso lar, sedentos de correção e educação no bem. Temos grande responsabilidade em sua orientação. É preciso selecionar conversas e leituras, a fim de que, na existência atual, suas mentes virgens não se enodoem ao contato de ideias enfermiças, espalhadas por aí em tantos livros. Creio que isso diz respeito à nossa tarefa de pais, visando ao futuro dos meninos, segundo o padrão dos ensinamentos evangélicos.

— Você tem razão — dizia Toledo com um sorriso. — Entretanto, deixarei que aprendam por si mesmos. Experiência é tudo, meu velho, e estou disposto a arriscar. Darão cabeçadas, mas aprenderão muito por conta própria, o que tem maior mérito.

A conversa continuou neste tom, durante algum tempo, quando Toledo viu, longe, uma de suas vizinhas, correndo-lhe ao encontro e gritando:

— Sr. Toledo, há duas horas que o procuro. Dona Alice está com Carlinhos no Pronto-Socorro. Há três horas que a pobre criança está entre o vômito e a diarreia.

Em poucos minutos, os três tomaram um táxi e rumaram para o local indicado. Chegando, Toledo se abraçou à esposa em lágrimas, enquanto esta lhe explicava:

— É desidratação. Já está tomando soro. Sabe, querido, acho que tudo isso acontece por causa daquelas uvas estragadas, que separei hoje cedo para jogar fora. Num momento de descuido, o Carlinhos comeu-as todas.

Embora o momento não fosse oportuno

para conclusões, Saturnino, que permanecera calado até então, falou com bondade e energia:

— Toledo, medite nestas palavras: se algumas uvas estragadas foram capazes de transtornar assim o organismo físico, imagine que desastre terrível não provocará no Espírito um livro venenoso ou enfermiço.

52

A ESTRADA

Na estrada apinhada de veículos, os carros trafegavam com rapidez.

Ônibus lotados.

Automóveis de passeio.

Camionetas de serviço.

No entanto, podia se observar que, logo adiante, pequeno trecho do percurso era batido por violento temporal. Apenas alguns quilômetros de chuva pesada, mas que teriam de ser atravessados.

Portanto, em pouco tempo, nuvens escuras e ameaçadoras tapavam o Sol e, alguns minutos depois, os carros eram duramente castigados pela borrasca.

Embora a dificuldade, era possível continuar dirigindo, desde que se mantivesse disciplina e atenção. Entretanto, apesar desta possibilidade, muitos motoristas preferiram parar ao lado da estrada.

Alguns alegavam comodismo.

Outros falavam em problemas de segurança.

Outros ainda referiam que era mais agradável viajar com sol.

Contudo, aqueles que prosseguiram com ordem e perseverança logo encontraram novamente o Sol radioso após a travessia cuidadosa, enquanto os que preferiram estacionar sob o temporal, ali teriam de permanecer até que este se extinguisse por completo.

Comparemos o quadro acima com o que ocorre conosco na estrada da evolução.

Todos mergulhamos no temporal da reencarnação em busca de provas redentoras.

Dificuldades e doenças.

Inibições e angústias.

Provações dolorosas.

Entretanto, muitos preferem estacionar à margem do caminho, inquietos e inseguros.

Alegamos falta de apoio.

Referimos desânimo e cansaço.

Outras vezes, acomodamo-nos ao leito macio da indiferença e do conforto, fugindo ao trabalho ativo.

Contudo, à semelhança do que acontece na estrada batida pela tempestade, tenhamos a certeza de que somente alcançaremos o sol da imortalidade feliz, se nos dispusermos a prosseguir sempre nos caminhos de Deus, sobrepondo-nos às aflições com fé, esperança, amor e caridade.

53

A CAPA

ue a Terra é lugar de provas e expiações está certo. Mas não entendo ser feliz no sofrimento. Provação é provação, e alegria é alegria. Não combinam.

Quem falava assim era Joaquim Severino. Acabara de ouvir fluente orador espírita que focalizara o tema da felicidade. Era principiante no Espiritismo, mas tinha vontade de aprender. Por isso, puxara assunto com o amigo Salústio, que era adepto da doutrina há mais tempo.

Caía uma chuva fina e persistente, enquanto caminhavam em direção à casa. Ambos, porém, estavam bem protegidos por capas impermeáveis.

— É fácil de entender — respondia o companheiro. — O Espiritismo faculta-nos conhecer o motivo dos sofrimentos. Quem sofre agora, paga dívida de ontem; e quem não se sente feliz em abater seu débito?

125

— Está certo — replicava o outro, interrogativo. — O que não consigo alcançar é uma pessoa mostrar alegria, quando está cercada de padecimentos. É o mesmo que se mergulhar na água e não se molhar.

Nesse momento, contudo, Salústio parou. Percebeu súbita inspiração. E, abrindo largo sorriso, como quem fizera descoberta importante, falou convicto:

— Observe, Severino. Agora, nós mesmos estamos mergulhados na chuva. No entanto, mantemos o corpo resguardado, graças às capas, que trazemos. Assim ocorre com quem mostra alegria no sofrimento. Isto porque, conhecendo a causa de suas aflições, como ensina o Espiritismo, a pessoa se envolve em verdadeira capa de fé, esperança e felicidade íntima. Embora mergulhada na amargura de provações dolorosas, mantém o coração feliz e confiante, esperando o dia de amanhã.

Severino compreendeu a conclusão e ambos, sorrindo, voltaram a caminhar novamente.

54

A LIMPEZA

Quando apareceu na instituição beneficente, parecia haver mergulhado na lama.

Sujeira da cabeça aos pés.

Cabelos compridos e desgrenhados.

Barba por fazer.

Unhas longas, encardidas.

Roupa em frangalhos.

Entretanto, em dado momento, aceitou a sugestão da higiene.

Tomou banho demorado, utilizando largamente o sabonete.

Cortou e penteou os cabelos.

Raspou a barba.

Aparou e limpou as unhas.

Usou roupas limpas e sapatos novos.

Quando apareceu de novo, estava muito diferente. A limpeza fizera notável transformação.

A prece sincera é higiene do Espírito.

Nos caminhos da evolução, somos atingidos por sujeiras diversas.

Lama do orgulho e do egoísmo.

Detritos da calúnia e da ingratidão.

Poeira das dificuldades e doenças.

Cinzas do desespero, da ociosidade e do desânimo.

Contudo, em qualquer tempo, a oração será sempre limpeza eficiente em nós.

Assim, pois, transforme-se também.

Ore com sinceridade.

A prece é banho de luz e esperança.

55

O EMPREGO

— Não adianta, mamãe, não consigo nada memo. Todos os bons empregos estão preenchidos. Para mim, sobrou apenas o azar.

Era assim que falava Adelino Luz. Desempregara-se há seis meses. Desanimara-se, contudo, diante da ideia de procurar trabalho. Não fazia força. Não lutava. Era bom moço. Coração generoso. Faltava-lhe, porém, coragem.

— Não é assim, meu filho. É preciso ter paciência e procurar. Não perca a esperança e tudo há de arranjar-se.

— Qual nada, mamãe. Estou desamparado. Ninguém se lembra de mim.

— Meu filho, não diga isso. Deus vela por todos nós. Esforce-se um pouco mais e saia mais vezes em busca de serviço honesto.

E, mostrando um exemplar do jornal do dia, completou:

— Aqui está um anúncio de grande companhia necessitada de funcionários. A entrevista será amanhã às 8 horas, e o salário é ótimo. Você conseguirá o que almeja; basta ir até lá.

Adelino resmungou e disse que seria como sempre. Somente azar. Não seria escolhido.

II

No dia seguinte, D. Rosa se levantou mais cedo do que o costume. Tomou logo providências. Preparou o café. Quando chamou Adelino, este protestou.

Afirmou novamente que não arranjaria nada. Que haveria muitos pretendentes. Que não adiantava pelejar.

Apesar da insistência da bondosa mãe, não foi à entrevista anunciada.

À tarde, como fazia todos os dias, comprou o jornal e passou a folheá-lo preguiçosamente na varanda.

De repente, deparou-se-lhe enorme surpresa. Uma das páginas noticiava que a Companhia, em virtude da extensão da obra programada, resolvera admitir todos os candidatos que se apresentaram.

Adelino suspirou e fechou o jornal, profundamente desapontado.

56

CARIDADE

No luxuoso escritório de sua empresa, o homem de negócios fazia grandes doações. Ajudava instituições beneficentes diversas.

Lares de órfãos.

Abrigos de velhos.

Sanatórios de obsidiados.

Hospitais de misericórdia.

Escolas gratuitas.

Enxovais a recém-nascidos.

Leite a crianças desnutridas.

Alimento diário aos necessitados.

Contudo, no momento em que mostrava larga generosidade, descobriu nos documentos assinados algumas incorreções.

Chamou a funcionária responsável e a repreendeu com aspereza.

Relacionou-lhe os erros sem qualquer discrição.

Dirigiu-lhe a palavra com severidade excessiva.

Ridicularizou-a perante os colegas de trabalho.

Por fim, tão grande foi a humilhação que a pobre moça se descontrolou, envergonhada, prorrompendo em soluços.

Bastas vezes, somos pródigos em doar o que nos sobra.

Entretanto, quando a vida nos pede o amor ao próximo, na forma de tolerância e indulgência, bondade e compreensão, quase sempre não entendemos o verdadeiro sentido da caridade, recusando-nos a dar de nós mesmos e transformando-nos, assim, em perfeitos sovinas do coração.

57

DAR A CÉSAR

—Que se deva dar a César o que é de César não há dúvida, mas o que me aborrece é que governo nenhum dá ao povo o que lhe é necessário.

Era assim que falava Segismundo Siqueira, ao lado de uma barraca de frutas, em conversa com alguns amigos.

Era espírita convicto. Companheiro de invejável disposição ao serviço do bem. Ocupava a tribuna e dava passes. Aconselhava e ajudava na assistência. Tinha, porém, o costume de criticar os governos. Nenhum lhe agradava.

— Não é assim, Segismundo, o governo é constituído de homens falíveis como nós mesmos. Merecem nossas preces, e não a crítica sistemática e sem proveito. Dar a César, no entender de Jesus, não é apenas pagar impostos, mas também servir com o entendimento e a opinião construtiva.

Quem respondia era Romualdo Silva, amigo de longa

data e presidente do Centro Espírita, onde trabalhavam.

A discussão animada continuava, quando Segismundo lança descuidadamente à calçada uma casca de banana.

Súbito, um grito infantil. Choro lancinante. Correria da vizinhança.

Uma pobre criancinha jazia no chão, mostrando terrível dor na face. Escorregara na casca de banana.

Segismundo, sentindo-se culpado, toma logo providências. Chama um carro e se dirige ao Pronto-Socorro mais próximo.

Durante o trajeto, Romualdo lembrou serenamente ao amigo exaltado:

— Segismundo, a Providência Divina nos dá uma lição. Nós que não perdoamos os governos em suas falhas e omissões, não soubemos cooperar com eles agora, na manutenção da limpeza pública e na prevenção de desastres.

58

A VERDADEIRA CARIDADE

A jovem senhora saiu em companhia das amigas e realizou preciosa tarefa de amor.

Visitou doentes.

Cooperou em instituições de caridade.

Amparou crianças e velhos.

Distribuiu conforto e esperança aos sofredores.

Ofertou livros renovadores, exaltando a imortalidade.

Alimentou os famintos.

Vestiu os desnudos.

Aviou receitas.

Solucionou problemas morais.

Todavia, quando finalizou a obra de auxílio e retornou ao próprio lar, mudou-se completamente.

Contrariou-se por bagatelas.

Implicou com a empregada.

Impacientou-se com os filhos.

Discutiu com o esposo.

E, em pouco tempo, conseguiu transformar o ninho doméstico em verdadeiro vulcão de chamas.

Façamos, sim, a beneficência material. Ninguém nega o valor inestimável do copo de leite, do pedaço de pão e da peça de roupa.

Contudo, aprendamos também a estender a caridade moral, exercitando paciência, compreensão, tolerância e harmonia, de vez que somente através dela é que estaremos realmente dando algo de nós mesmos em favor do próximo.

59

DESIGUALDADES SOCIAIS

ncontrava-se o doutor Bezerra de Menezes finalizando alguns comentários a respeito das desigualdades sociais, em reunião pública da Federação Espírita Brasileira, quando um dos assistentes se mostrou desejoso de interrogá-lo. O abnegado médico espírita anuiu com bondade, e o interpelador, rompendo o silêncio que se fizera, iniciou com ênfase:

— Doutor, interesso-me também por problemas sociais, embora seja materialista. Entretanto, não concordo com o Espiritismo quanto aos meios propostos para a realização do equilíbrio social. Vejo fome e nudez, sofrimento e angústia, por onde passo. E a religião que o senhor professa aconselha humildade e resignação, brandura e obediência. Não entendo. De que maneira acomodar-se diante de tais problemas? Tolerância, quando se tem fome? Humildade, quando se está nu? Na verdade, penso em soluções radicais, atinentes ao governo. Igualdade não se conseguirá com prosa e exortações. O que resolve é a imposição. É preciso luta. Com armas, se necessário.

O impetuoso perguntador parou um momento, procurando o efeito de suas palavras, e continuou, interrogando de chofre:

— Então, que acha o senhor disso?

O bondoso médico dos pobres lhe endereçou sorriso humilde e principiou sua resposta, perguntando:

— Meu filho, se o Senhor do Mundo lhe concedesse agora uma comunidade, como domínio, que atitude tomaria você diante dos criminosos?

— Mandaria segregá-los para corrigi-los — respondeu o outro.

— E frente aos enfermos necessitados de amparo fraternal?

— Providenciaria interná-los em hospitais, visando a sua recuperação física e mental.

— E perante os sequiosos de oportunidades para construir o progresso em qualquer setor das atividades humanas?

— Facilitar-lhes-ia as condições suficientes para que crescessem, beneficiando a cidade.

— Então, meu filho, conseguiria você, nessa comunidade, colocar, lado a lado, criminosos e homens honestos, velhos doentes e atletas vigorosos, comerciantes operosos e indivíduos ociosos, procurando igualá-los?

— Isto seria impossível — respondeu o interrogador, com uma ponta de preocupação.

O venerável benfeitor espírita lhe endereçou, então, olhar significativo e completou com brandura e energia:

— Pois é assim que age a sabedoria de Deus. Miséria, fome e doença são contingências necessárias a certos Espíritos, enquanto riqueza, saúde e cultura são responsabilidades outorgadas a outros, que delas se fizeram merecedores. As desigualdades sociais e a reencarnação funcionam como instrumentos da Providência Divina para a evolução do Espírito.

Diante da lógica desta explanação, o assistente se calou imediatamente enquanto o doutor Bezerra de Menezes iniciava sentida prece, encerrando a reunião.

60

UMA CENA DE NATAL

Assentadas em confortável sofá, na luxuosa mansão, as duas senhoras conversavam distraidamente. Rememoravam os acontecimentos sociais do ano que se findava.

Relacionavam as festividades suntuosas a que compareceram.

Recordavam as recepções que elas próprias haviam oferecido.

Lembravam-se com saudade das viagens realizadas.

Por fim, queixaram-se dos presentes de Natal, ofertados pelos esposos.

— Esperava uma estola de visam — disse uma.

— Contava certo com um novo carro — aduziu a outra.

Nisso, batem à porta. Ambas atendem e se encontram diante de humilde mulher, esquelética e maltrapilha, a rogar pequeno auxílio para a compra do necessário ao sustento de seus filhinhos.

⁂

Amigos da romagem terrestre, saibamos contentar-nos com o que a vida nos oferta. Abandonemos a posição de eternos insatisfeitos.

Aprendamos a olhar para trás, valorizando nossas oportunidades e situações, porque, se encerrados em nosso egoísmo, aborrecemo-nos com os respingos do orvalho, Já fora, nos caminhos da provação, irmãos nossos padecem a tempestade das angústias.

No ano de 1963, Francisco Cândido Xavier ofereceu a um grupo de voluntários, o entusiasmo e a tarefa de fundarem um Anuário Espírita. Nascia, então, o Instituto de Difusão Espírita - IDE, cujo nome e sigla foram também sugeridos por ele.

A partir daí, muitos títulos foram sendo editados e o Instituto de Difusão Espírita, entidade assistencial, sem fins lucrativos, se mantém fiel à sua finalidade de divulgar a Doutrina Espírita através da IDE Editora, tendo como foco principal, as Obras Básicas da Codificação, sempre a preços populares, além dos seus mais de 300 títulos em português e espanhol, muitos psicografados por Chico Xavier

O Instituto de Difusão Espírita, conta, também, com outras frentes de trabalho, voltadas à assistência e promoção social, como o Albergue Noturno, evangelização, alfabetização, orientação para mães e gestantes, oficinas de enxovais para recém-nascidos, entrega de leite em pó, vestuário e cestas básicas, assistência médica, farmacêutica, odontológica, tudo gratuitamente.

Este e outros livros da **IDE Editora**, subsidiam a manutenção do baixíssimo preço das **Obras Básicas, de Allan Kardec**, mais notadamente, "**O Evangelho Segundo o Espiritismo**", edição econômica.

Leia também as outras obras da série
"Histórias da Vida" de **Antônio Baduy Filho**
pelos Espíritos Hilário Silva e Valérium

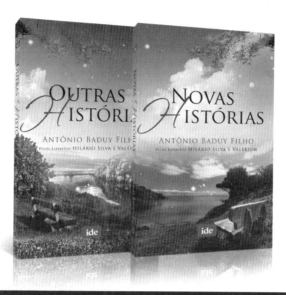

Conheça mais sobre a Doutrina Espírita
através das obras de **Allan Kardec**

www.ideeditora.com.br

ideeditora.com.br

Acesse e cadastre-se para receber
informações sobre nossos lançamentos.

twitter.com/ideeditora
facebook.com/ide.editora
editorial@ideeditora.com.br

ide

IDE Editora é apenas um nome fantasia utilizado pelo INSTITUTO DE DIFUSÃO ESPÍRITA, entidade sem fins lucrativos, que promove extenso programa de assistência social, e que detém os direitos autorais desta obra.